南海電鉄の
ひみつ

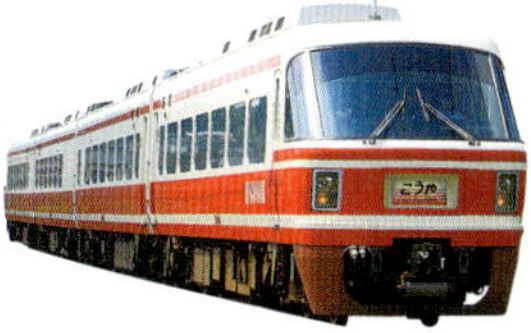

PHP研究所 編

南海電鉄 協力

PHP

©創通・サンライズ

巻 頭 言

●輝かしい歴史を誇る南海電気鉄道

　南海電気鉄道（以下、南海電鉄）は、大阪の難波を拠点に大阪府南部や和歌山県北部をエリアとする民間鉄道会社です。大阪湾の東岸ぞいに和歌山市に至る南海本線（難波〜和歌山市）と紀伊半島中部に位置する高野山麓に足を延ばす高野線（汐見橋〜極楽橋）を幹線とし、5つの枝線と鋼索線を合わせた総延長は154.8km（営業キロ）に及んでいます。

　大阪都心と沿線各地とを結ぶ通勤・通学路線としての役割を果たすほか、高野山などへの観光路線としても活躍、関西国際空港アクセスではJR西日本と覇を競い合うとともに、独自の旅客サービスで利用者を獲得してきました。同時に沿線開発にも古くから取り組んでおり、街づくりに貢献してきたことも特筆されます。変わりゆくニーズに応えるとともに、自ら幅広く需要を開拓してきたのも南海電鉄の持ち味のひとつといえるでしょう。

　南海電鉄の黎明は1885（明治18）年12月。創業130周年を目前に控えています。現存する私鉄でもっとも長い歴史を持つ会社なのです。

　最初の産声は難波〜大和川間の7.6km。前身の阪堺鉄道が敷設し、営業を開始しました。この段階から混じりけなしの民間資本による鉄道会社経営が目標とされており、その初志こそがその後の南海電鉄の歴史の根源にあるともいえるかもしれません。

　阪堺鉄道は好評裡に事業を展開、現在の堺(当時は吾妻橋)までの路線延長を果たします。その一方で1889(明治22)年に紀泉鉄道が設立され、和歌山への路線延長が具体化します。この計画は1903(明治36)年に結実。その途上にあった1895(明治28)年に紀泉鉄道の発展形として南海鉄道が設立され、その3年後に阪堺鉄道との合併が実現しています。

　一方、高野山参拝輸送を目的とした高野鉄道が1898(明治31)年に開業、2年後には道頓堀(現・汐見橋)に路線を延ばしています。この路線は1922(大正11)年に南海鉄道に吸収され、高野線となりました。

　南海鉄道は当初から電化をはじめとする近代化にも積極的に取り組み、アイデアと実行力をもって着実に成長。その後は合併などを経て1947(昭和22)年に南海電鉄が成立し、現在へと続いています。「ラピート」に代表される特急群から最新テクノロジーを持つ通勤電車、多岐に渡る関連事業……。それぞれの将来からも目が離せないのが南海電鉄なのです。

南海電気鉄道路線図

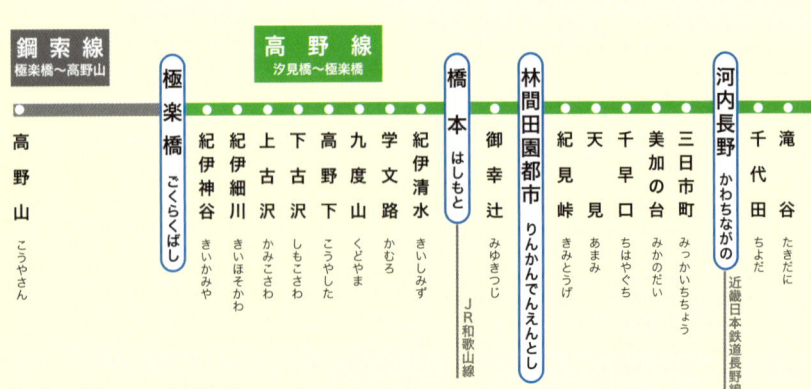

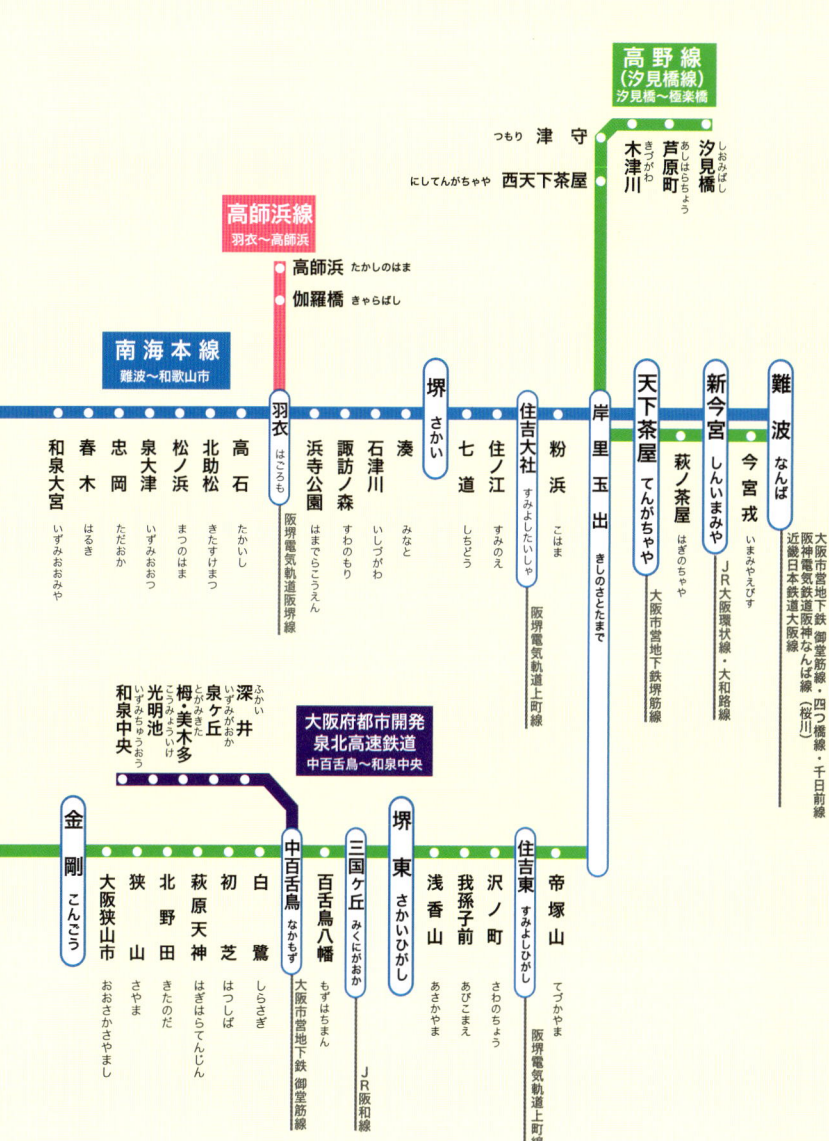

Contents

巻頭言 …………………………………………………………………… 2
南海電気鉄道路線図 …………………………………………………… 4

1章　南海電気鉄道の魅力

南海電鉄の旅——多彩なロケーションを持つ南海電鉄 ……………12
南海電鉄が誇る魅惑の車両バリエーション …………………………14
乗客にやさしい！　南海のフレンドリーサービス …………………16
南海の列車種別にはどんなものがあるの？ …………………………18
南海のダイヤにはどんな特徴があるの？ ……………………………20
南海の運賃・料金体系にはどんなルールがあるの？ ………………22
南海の企画乗車券にはどんなものがあるの？ ………………………24
南海の鉄道・ケーブルカーの施設にはどんな特徴があるの？ ……26
南海の駅ナカ施設にはどんなものがあるの？ ………………………28
アナウンススキルの向上や表現の見直しで聞き取りやすく ………30

2章　南海電気鉄道の路線のひみつ

大阪市・堺市の閑静な住宅街を行く南海本線（難波〜羽衣）………34
大阪南部の中核都市を結ぶ南海本線（羽衣〜泉佐野）………………36
阪和間の都市輸送路線として機能する南海本線（泉佐野〜和歌山市）…38
JRとの共同使用区間を含む、関空アクセス路線の空港線 …………40
大阪府和泉地方のローカル線、高師浜線・多奈川線の楽しみ方 …42
和歌山県地区のローカル線、加太線と和歌山港線の魅力 …………44
都会のローカル線、古き良き南海カラーが残る高野線（汐見橋線）…46
南河内地方のベッドタウンの足として機能する高野線（天下茶屋〜橋本）…48
日本有数の山岳区間、ズームカーが唸りを上げる高野線（橋本〜極楽橋）…50
最大562.8‰の急勾配を走行、昭和レトロの雰囲気も魅力の鋼索線 …52
関西と徳島を結ぶ動脈、南海四国ラインってどんなルートなの？…54
南海と相互乗り入れしている泉北高速鉄道ってどんな路線なの？ …56
かつて南海の路線だった大阪唯一の路面電車・阪堺電気軌道 ……58
ユニークな電車が活躍する和歌山電鐵は、かつて南海の路線だったって本当？…60

南海の廃止路線にはどんな路線があるの？ ………………… 62
　　南海ではかつて貨物輸送が盛んだったって本当？ …………… 64

3章　南海電気鉄道の駅と車両基地のひみつ
南海の駅にはどんな特徴があるの？ ……………………………… 68
9面8線のホームを持つ大阪ミナミの玄関口　難波駅 …………… 70
通天閣や新世界への最寄り駅でJRの接続駅として賑わう　新今宮駅 …… 72
大阪下町の風情が残るレトロタウンの中心駅　天下茶屋駅 ……… 74
日本有数の古社・住吉大社への最寄り駅　住吉大社駅 ………… 76
堺市の交通の要衝、緩急接続が行われる　堺駅 ………………… 78
辰野金吾設計の木造駅舎が現存する　浜寺公園駅 ……………… 80
観光地・浜寺公園へのアクセス駅として開業　羽衣駅 ………… 82
繊維産業で発展した泉大津市の玄関口　泉大津駅 ……………… 84
泉南地方の拠点都市・岸和田市の代表駅　岸和田駅 …………… 86
水間鉄道が分岐し、駅周辺に社寺が点在する　貝塚駅 ………… 88
地下駅から高架駅へ変貌した空港輸送の拠点駅　泉佐野駅 …… 90
阪南市を代表する南海本線の特急停車駅　尾崎駅 ……………… 92
ヨットをモチーフにした斬新な駅舎が立つ　みさき公園駅 …… 94
JR線とも接続する南海本線のターミナル　和歌山市駅 ………… 96
昭和レトロの雰囲気が色濃く残る高野線の起点駅　汐見橋駅 …… 98
堺市中心部に位置する行政機関への最寄り駅　堺東駅 ………100
地下鉄と泉北高速鉄道との接続駅として発展　中百舌鳥駅 ……102
折り返し列車も設定される田園都市への最寄り駅　北野田駅 …104
ニュータウン開発の進行により拠点駅に成長した　金剛駅 ……106
高野線の複線区間と山岳区間の境界駅　橋本駅 ………………108
縁起駅として人気を集め、木造駅舎も残る　学文路駅 ………110
参拝・観光客で賑わう高野山の玄関口　極楽橋駅・高野山駅 …112
南海本線の車両基地にはどんなものがあるの？ ………………114
高野線の車両基地にはどんな施設があるの？ …………………116

4章　南海電気鉄道の車両のひみつ
南海の車両にはどんな秘密があるの？ ………………………………… 120
南海車両の形式番号はどんな基準や原則でつけているの？ ……… 122
他の鉄道には見られない斬新なデザイン 空港連絡を担う50000系「ラピート」‥ 124
「サザン」専用車として登場、10000系 ………………………… 126
眺望性に優れた高野線のシンボル車両、30000系「こうや」 … 128
高野線の特急増発で登場した11000系「りんかん」、31000系「こうや」… 130
「サザン・プレミアム」の愛称を持つ南海線の新特急車12000系……… 132
バリエーションの豊かなオールラウンド一般車、1000系（3代目） 134
22000系の改造によって登場、観光車両もある2200系・2230系グループ … 136
高野線全線直通用の新シリーズ 2000系と2300系 ……………… 138
日本初のオールステンレス車のひとつ 高野線の初期高性能電車6000系グループ… 140
昇圧準備車としてデビュー 南海線の初期高性能電車7000系グループ …142
JR東日本E231系との共通設計を導入、新世代のVVVF車8000系（2代目）…… 144
南海初の界磁チョッパ制御車 高野線平坦区間用の8200系 …… 146
南海線初の界磁チョッパ車は、初のステンレスカーでもあった9000系 … 148
不朽の名車と呼ばれる20000系 デラックスズームカーってどんな電車？ …… 150
南海高野線と相互乗り入れをする泉北高速鉄道の車両 ………… 152
かつては南海の路面電車だった阪堺電気軌道の車両 …………… 154
南海といえばこのデザイン 昭和を代表する2種類の特急車 … 156
南海にも蒸気機関車や電気機関車があったって本当？ ………… 158
南海にも客車列車が運転されていたって本当？ ………………… 160
南海にもディーゼルカーが運転されていたって本当？ ………… 162

5章　南海電気鉄道トリビア
南海電車まつりってどんなイベントなの？ ……………………… 166
南海のテレビ・ラジオコマーシャルにはどんなものがあるの？ ……… 168
南海の社歌ってどんな歌なの？ …………………………………… 170
南海の運転士と車掌はチームを組んで勤務しているって本当？ ……… 172
南海の列車の安全を守る保安装置にはどんなものがあるの？ ………… 174

- 鉄道を補完する南海グループのバス会社にはどんな会社があるの？ ····· 176
- なんばCITY・なんばパークスってどんな商業施設なの？ ····· 178
- 昭和初期の豪壮な建築が健在！ 南海ビルに入る髙島屋大阪店 ····· 180
- 南海が他鉄道各社と連携したサービス・PRを行っているって本当？ ····· 182
- 南海が経営する遊園地・観光施設にはどんなものがあるの？ ··· 184
- 南海グループが開発したニュータウン・街並みにはどんなものがあるの？ ····· 186
- 南海グループのホテルや宿泊施設にはどんなものがあるの？ ······ 188
- 南海電鉄の鉄道模型・鉄道グッズにはどんなものがあるの？ ········· 190
- 南海がプロ野球球団を経営していたって本当？ ················ 192
- 南海ホークスの本拠地、大阪球場ってどんな球場だったの？ ········ 194
- 南海グループの老人ホームや生花店があるって本当？ ········ 196

6章　南海電気鉄道の歴史

- 前身会社の大阪堺間鉄道の設立と営業運転開始 ················ 200
- 南海鉄道への事業譲渡と中小鉄道会社の合併 ················ 202
- 高野線の開業と沿線開発の強化 ················ 204
- 阪和電気鉄道の併合、近畿日本鉄道の成立 ················ 206
- 新生南海電気鉄道の発足、進む戦後復興 ················ 208
- 輸送近代化と南海ホークス黄金期 ················ 210
- 宅地開発の本格化と輸送力増強、昇圧の実施 ················ 212
- 路面電車の分離と、ローカル線区の再編 ················ 214
- 特急列車の増強と空港輸送への参入 ················ 216
- 新時代を迎える南海電気鉄道 ················ 218

- Index ················ 220
- 参考資料 ················ 223

※本書の内容は、特に明記のない場合2014年4月時点の情報に基づいています。
南海電気鉄道株式会社　商品化許諾済

1章

南海電気鉄道の魅力

南海電気鉄道は、関西私鉄の雄として長い歴史を刻んできました。ミナミの中心・難波を拠点に、大阪府南部から和歌山県北部に路線網を展開。そこには空港連絡線や山岳路線もみられます。そうした路線ロケーションや車両はもちろん、歴史への興味も尽きない鉄道のひとつといえるでしょう。1章は、南海電鉄を楽しむためのガイダンスです。

南海電鉄の旅──
多彩なロケーションを持つ南海電鉄

都心から郊外、そして山岳地へ……。大手私鉄としては比較的コンパクトな路線網にあって、めまぐるしいまでの移り変わりをみせるのが南海電鉄です。関西国際空港開港後は、空港アクセスルートとしての顔も持っています。

「赤い彗星の再来 特急ラピート ネオ・ジオンバージョン」の車内　©創通・サンライズ

都市間輸送の任も担う──南海本線系統

　南海電鉄は大まかに2つの路線系統に分かれています。本線にあたるのが海岸沿いを南下する南海本線で、空港線、加太線、高師浜線、多奈川線、和歌山港線の5つの枝線を持ちます。

　南海本線沿線は古くから開発されてきた住宅地や戦前から栄えてきた工業地が連なり、旺盛な輸送需要に恵まれています。難波側には空港線直通列車も多数設定され、関西国際空港アクセスルートの一翼を担っています。また、大阪市と和歌山市とを結ぶ**都市間輸送**としての位置づけもあり、特急「サザン」はビジネスユースにも人気があります。

　典型的な都市幹線ながら、泉佐野以南はややローカル色が表れ、鳥取ノ荘〜淡輪間では海岸線に接近。枝線の加太線や多奈川線などにはローカル線らしいたたずまいが濃厚に残されています。

12

劇的ともいえる車窓の変化は、さながら短編小説の名作といえるかも

郊外ベッドタウン路線が山岳鉄道に変貌！──高野線系統

　一方、内陸側に足を延ばすのが高野線です。古くは高野山参詣の足として開発された側面を持ちますが、沿線は南海などによって開発された宅地も多く、郊外ベッドタウンと都心とを結ぶ通勤・通学路線としての役割が大きいといえるでしょう。高野線には末端の極楽橋〜高野山間の鋼索線のほかは南海自体の枝線を持ちませんが、中百舌鳥駅を介して泉北高速鉄道との相互乗り入れを実施。河内長野駅（近鉄長野線）や橋本駅（JR和歌山線）などで他社路線と接続しています。

　車窓は難波寄りでは近郊の宅地街が中心ですが、河内長野〜橋本間の紀見峠を越えるほか、橋本駅以南では高野山に向けて本格的な山岳鉄道の様相を呈します。高い鉄橋や急峻な谷を見下ろすロケーションはまさにダイナミック。難波駅から特急「こうや」で1時間半のトリップでありながら、その劇的なクライマックスには息を飲むかもしれません。

高野線の学文路以南は急勾配が連続する山岳区間。その線形は厳しい

上／古い駅舎が点在するのも南海電鉄の魅力

右／高野線核心部では、深い谷間にへばりつくような峻険な道のりが続く。下り列車の場合、進行右側に座席を確保するのがおすすめだ

 都市間輸送……文字どおり都市と都市とを結ぶ公共交通を指します。代表的なのが新幹線ですが、在来線もその役割を持つケースが多くあります。南海本線は大阪市と和歌山市とを直結しており、名実ともに都市間輸送路線といえるのです。

南海電鉄が誇る魅惑の車両バリエーション

南海電鉄の魅力を語るうえで、車両のバラエティは欠かせません。斬新なデザインで話題をさらった50000系「ラピート」を筆頭に、性能やデザイン性を追求した車両たちがその歴史を刻んできたからです。

車両バラエティのひみつとは？

　南海電鉄で現役で活躍している車両は全部で20形式にのぼります。路線全体で154.8kmという規模から考えると、そのラインナップの多彩ぶりが際立つかもしれません。これには、単に車両の新旧ということだけではなく、南海電鉄独特の背景が隠されているのです。

　2章以降でも述べますが、南海電鉄は路線環境もさまざまな顔を持っています。おおむね難波側は都市や住宅地をメインとする都市近郊型路線ですが、高野線南部は一転して山岳路線となり、列車は急峻な谷に沿って深山へと分け入っていきます。高野線が目指す高野山はわが国有数の観光地でもあり、高野線は内外からの訪問客に恵まれてきました。一方、南海本線は四国へ渡る足としても開発され、現在では関西国際空港アクセスの大任も背負っています。それらの旅行者と日常的な利用者それぞれのニーズに合わせた結果、車両面のサービスが多様化してきたわけです。

南海の車両一覧
■特急車両

50000系	ラピート
10000系	サザン（指定席車）
12000系	サザン・プレミアム（指定席車）
31000系	こうや・りんかん
30000系	こうや・りんかん
11000系	りんかん

■一般車両

1000系	6000系	8000系
2000系	6200系	8200系
2200系	6300系	9000系
2300系	7000系	
3000系	7100系	

■鋼索線

コ11・21形

10000系特急「サザン」

眺めているだけでも飽きさせない！
独自の歴史背景を持つ車両群が沿線を彩る

一般車にも多数の形式が存在。車体も鋼製（右）とステンレス製（左）が存在する

高野線の山岳区間では、専用の2300系などが活躍。急曲線に対応した17m車の車内には転換式クロスシートが並ぶ

路線環境の克服や新サービスの導入も

　多様化する要素として、その線形が挙げられます。とりわけ、高野線南部（橋本駅以南）では急カーブや勾配が連続、山岳路線の名に恥じない険しい道ゆきとなります。そのため、車体構造にいくつもの制限が生じました。急カーブ走行に対応するために車体を短くしたり、勾配に強い動力やブレーキを開発してきました。また、観光客の利用が多いことからより快適な**アコモデーション**も要求されます。それらひとつひとつの課題を克服していく過程でいくつもの車両形式が生み出されたのです。

　さらに歴史をひも解くと、ライバル会社との間にみられたスピード競争や国鉄（現・JR）との直通運転に伴う車両開発などが浮かび上がってきます。戦前における冷房車の試行や他社にさきがけたステンレス車の導入に積極的だったのも南海電鉄の特徴といえるでしょう。

　次々と異なる形式が顔を出したり複数形式併結で運転されたり、見ているだけでもそのバラエティを実感しやすいのが南海電鉄なのです。

 アコモデーション……鉄道では一般的に車内設備を指す言葉として使われています。座席や照明、トイレなどのほか空調や遮音なども該当し、その種類や改善の様子が鉄道車両の見どころにもなっています。

乗客にやさしい！
南海のフレンドリーサービス

「Fine&Bright NANKAI―お客さまとともに」というグループスローガンを掲げる南海。そのコンセプトは南海電鉄の施策や日常的な接客などにも活かされています。

駅スタッフは利用者にとって頼もしい存在

温かみのある人的接客も怠らない

「ご利用ありがとうございます！」

南海電鉄では自動改札を通る際に、こうした声がけがされています。

多くの鉄道会社では、いまや自動改札はあたりまえの存在。改札口に窓口を設け接客対応にもあたっていますが、通常は機械的に利用者が流れていくだけです。しかし、こうしてさりげない接客のひとことがかけられるだけでも、利用者としては親しみが増すというものではないでしょうか。

一方で、改札は自動でありながら切符の販売（出札）が手売りという駅や窓口も南海では例外ではありません。下古沢～極楽橋間などにみられ、昔ながらの鉄道風景が残されています。また、難波駅には特急券の有人窓口や出札業務を兼ねた駅サービスセンター、さまざまな問い合わせに応じる駅長室（カウンター）もあり、軽快なフットワークとともに日々の利用者サービスにあたっています。

会社間の垣根を越えて
より利用者目線に立ったサービスに取り組む

誤乗車時にもスマートな案内が…

　南海電鉄では、かつて国鉄との直通運転を実施（162ページ）していたり、他社と連携した施策にも積極的に取り組んできました。他社とのタイアップは今なお盛んで、さまざまな企画が生み出されています。それらの紹介は182ページにまとめましたが、ここでは日常的サービスの一環としての空港線に見られる取り組みについて触れてみましょう。

　空港線（泉佐野〜関西空港間）のうち、りんくうタウン〜関西空港間はJRと線路を共用、**りんくうタウン駅**ではホームや改札も共用しています。関西空港行きと大阪市内方面行きそれぞれのホームで、南海とJRが同じホームの両側に発着しているのです。そのため、間違えて切符とは異なる会社の列車に乗ってしまう事態も少なくありません。

　そういう場合、関西空港駅では申し出により出場できるほか、市内方面の駅（JR天王寺駅に行きたいのに難波駅に着いてしまったようなケース）でも誤到着駅から目的地までの乗り換え案内などでフォロー。利用者の負担が少なくなるように努めているのです。

難波駅では、トランスアテンダントが利用者をサポート。駅や周辺施設案内などにあたる南海電鉄ならではのサービスだ

難波駅構内の駅サービスセンターは、切符の販売のほか旅行案内やグッズ販売などにあたる駅の総合的窓口

> **マメ蔵**　**りんくうタウン駅**……南海とJRとの共同使用駅ですが、管理・業務は南海電鉄が担当。上記の誤乗のほか泉佐野方面とJR阪和線方面との乗り継ぎも可能で、ICカード式乗車券利用時を含めた独自の取り扱いが定められています。

南海の列車種別には どんなものがあるの？

空港方面は「ラピート」、和歌山方面は「サザン」、高野山方面は「こうや」と「りんかん」。どれも個性的な顔ぶれの特急。それを支えるのが、駅の規模に応じてあらゆる停車パターンをとるその他の種別です。

極楽橋駅に高野線のスター「天空」と「こうや」が並ぶ

昔は終点までノンストップだった「ラピート」も、年月の経過とともに停車駅を変更

　南海本線では特急の「ラピート」「サザン」、急行、空港急行、区急、準急、**普通**があります。
　難波〜関西空港間の「ラピート」は停車駅の異なる α と β を運行。開業当初にあったノンストップ列車（α）は2003（平成15）年に主要駅停車に改められました。「サザン」は特急車10000系もしくは12000系4両と通勤車4両を併結した一部座席指定編成で運転されています。かつては、特急車8両による全車座席指定編成もありました。
　急行は、難波〜和歌山市（和歌山港）間で通勤時間帯に運用される優等列車で、特急「サザン」を補完。空港急行は文字どおり関西国際空港輸送も兼ねており、特急「ラピート」をサポートしています。泉佐野駅までは、急行の停車駅に加え、春木駅に停まります。
　区急は泉佐野以南では各駅に停車。準急は堺以南が各駅停車で、ラッシュ時にほかの列車をアシストする位置づけです。

18

個性あふれる特急が各々の路線の顔となり
急行や準急など種類豊富な種別が脇を固める

20m長と17m長の車両の併用で、高野線は大量輸送と山間部の走行を両立

　高野線は、特急の「こうや」「りんかん」と快急、急行、区急、準急、各停が運行されています。

　「こうや」と「りんかん」はともに全車座席指定。「こうや」はカーブのきつい橋本以南も走行するため、車長が短めの17m車両を使っています。難波〜橋本間のみを走行する「りんかん」には、「こうや」編成に20mの専用車両11000系を増結して運用されている列車もあります。

　快急は2003（平成15）年のダイヤ改正で誕生したもので、急行に比べて河内長野以南の一部停車駅を整理。橋本以南もカバーするため17m車両が充当されます。急行は、20mと17mの2種類の車両が併用されています。

　区急は、北野田以南は各駅に停車。準急は堺東以南が各駅停車となりますが、中百舌鳥駅からは泉北高速鉄道への乗り入れ列車がメインです。

　なお、完全に各駅で停まる列車を、南海線では普通、高野線では各停と呼んでいます。また、南海本線と和歌山港線、高野線（汐見橋〜岸里玉出間を除く）、空港線を除く路線は各駅停車のみの運転です。

南海各線の列車種別

南海本線	高野線	空港線	高師浜線
特急ラピート	特急こうや	特急ラピート	普通
特急サザン	特急りんかん	空港急行	多奈川線
急行	快速急行（快急）	普通	普通
空港急行	急行	和歌山港線	加太線
区間急行（区急）	区間急行（区急）	特急サザン	普通
準急行（準急）	準急行（準急）	急行	
普通	各停	普通	

ラインナップは各路線の性格に合わせたものになっている

　普通と各停……ともに各駅停車ですが、今宮戎駅と萩ノ茶屋駅は南海本線の駅でありながら高野線列車（各停）しか停まりません。そのため停車駅案内の混乱を避ける意味で導入されました。

南海のダイヤには どんな特徴があるの?

種別ごとに15分間隔ないし30分間隔をベースにすることで、毎時同時刻に発車するわかりやすいダイヤとなっています。乗り換えでの待ち時間の減少、スムーズな乗り換えなどもダイヤ見直しで実現しました。

関西空港開港で混乱気味になったダイヤを、パターンダイヤで解決

　2005（平成17）年に実施したパターンダイヤ化で、南海のダイヤは大幅に改良されました。関西国際空港開港に伴う増発で整理できていなかったダイヤを開港前の水準に戻すと同時に、特急や急行は30分、普通は**14〜16分ヘッド**に再整理してわかりやすくしたのです。その結果、次のような好結果が生まれました。

　まず、各駅の発車時刻が統一され時刻表が覚えやすくなりました。下の表は、南海本線・泉佐野駅の日中の時刻表（平日）です。上り・難波方面行きは11時台から14時台までまったく同一のパターンが並んでいるのがわかります。下り・和歌山市・関西空港方面行きも同様です。

　また、優等列車の接続がスムーズになり、速達性も増しました。岸和田駅の休日下りの10〜16時台の場合、「サザン」からの乗り継ぎ客を受けて空港急行が「サザン」の1分後に発車、同様に「ラピートβ」の1分後に区急が発車するという具合です。こうした接続は上りでもとられていて、利便性を高めています（21ページ図）。

パターンダイヤの例（南海本線・泉佐野駅／平日）

上り（難波方面行き）													
11時台	1	10	14	17	24	28	31	40	44	47	54	58	
12時台	1	10	14	17	24	28	31	40	44	47	54	58	
13時台	1	10	14	17	24	28	31	40	44	47	54	58	
14時台	1	10	14	17	24	28	31	40	44	47	54	58	
15時台	1	10	14	17	24	28	29	40	44	47	54	58	59

※列車種別：ラピート　サザン　空港急行　区急　普通

毎時同じ時刻での発車を徹底することで利便性を向上

ターミナルの難波駅付近では高野線と南海線、それぞれの優等列車と普通列車が走り、とりわけ賑やかだ

ホームの横断で乗り換え可能な「ホーム・ツー・ホーム乗り換え」

　関西国際空港へのアクセスも便利になりました。空港線が1時間に6本以上キープされている時間帯が多くなったからです。難波駅から関西空港駅へ直通（ないし泉佐野駅で空港行きに乗り継ぎ）する優等列車が毎時4本の時間帯が多くなっています。

　また、泉佐野駅では「ホーム・ツー・ホーム乗り換えサービス」を導入。これは、和歌山市方面と関西国際空港方面間での乗り継ぎの便を図ったもので、3面4線の中央にあるホームを介して対面乗り換えができるようにしたものです。

　高野線でもほぼ規則正しいダイヤが実現しています。例えば金剛駅の土休日12〜15時台の発車時刻は、行き先の違いはありますがまったく同じ。汐見橋駅の岸里玉出行きは、6〜19時台は毎時10、40分の発車です。

　高師浜線高師浜駅の平日の羽衣行きは、10〜14時台で毎時9、32、53分の発車という形です。

追い越しパターンの例

岸和田駅にみられる追い越しダイヤ例。緩急を交えた乗り継ぎがスムーズにできるように設定されている

 14〜16分ヘッド……ダイヤが同（N分）間隔で周期的に組まれることを、N分ヘッドと呼びます。南海本線の場合は普通を14〜16分間隔、それ以外は30分間隔としています。

南海の運賃・料金体系にはどんなルールがあるの?

運賃は基本的に距離に応じて計算されますが、南海が線路を持たない空港線と、会社が違う泉北高速鉄道が区間に含まれると、独自の計算ルールが適用されます。

難波駅の切符売り場。一般の乗車券のほか、各種割引切符も用意

空港線、泉北高速線、ケーブルカーを含むと料金を別途加算

　南海では、多くの鉄道会社と同様に距離に応じて運賃・料金が定められています。

　ただし、空港線は**第三種鉄道事業者**(線路の所有者)が新関西国際空港株式会社という別会社になるため加算運賃を採用。泉佐野～りんくうタウン間は大人120円、泉佐野～関西空港間だと大人230円が加算されます(りんくうタウン～関西空港間のみの場合は加算分込みで大人370円)。また、泉北高速鉄道区間を含む場合は、各々の運賃の合計から20円引きが実施されています。

　極楽橋～高野山間を結ぶ高野山ケーブル(鋼索線)は一律料金(大人390円)。電車区間との乗り継ぎ割引はありません。

　特急料金は45kmを境にした2段階を設定。泉佐野～関西空港間のみを「ラピート」利用の場合は100円の特別急行料金があります(レギュラーシートのみ)。「サザン」は座席指定料金とされ、均一となっています。

空港線、ケーブルカー、泉北高速線が絡むと独自の計算方法が適用される

回数券は使用可能な時間帯に応じて3タイプを用意

　回数券にバリエーションがあるのも、南海の特徴です。全部で3種類あり、いつでも使える普通回数券なら普通運賃の10倍の額で11回分。平日の10〜16時入場ないし、土休日と12月30・31日、1月2・3日に使える「オフピークチケット」なら、同額で12回分です。「サンキューチケット」は「オフピークチケット」から平日を除外したタイプで、同額で14回分です。なお、いずれの回数券も有効期限は3カ月です。

　ちなみに、定期券は磁気タイプ、ICカード式、電車・バス連絡型など、一通りそろっています。

最近は他社間共通のサービスも拡大してきた

運賃	
キロ程	運賃（円）
〜3km	150
4〜7km	210
8〜11km	260
12〜15km	330
16〜19km	380
‖	‖
‖	‖
117〜122km	1,300
123〜128km	1,340

特急料金（こうや）	
キロ程	料金（円）
〜45km	510
46km〜	780

特急料金（ラピート・りんかん）
510

座席指定料金（サザン・天空）
510

特別車両料金
ラピート（スーパーシート）
210

加算運賃
泉佐野〜りんくうタウン
120
泉佐野〜関西空港
230

すべて大人の運賃・料金です

 第三種鉄道事業者……所有する鉄道線路を別の鉄道会社に使用させる事業者、ないし鉄道路線を敷設して別の鉄道会社に使用させる事業者のこと。事業主としては、神戸高速鉄道などの株式会社、北九州市といった自治体などさまざまです。

南海の企画乗車券にはどんなものがあるの?

高野山などの山地、和歌山の観光スポットなど、南海沿線の観光地へ向かう際にさまざまな割引が適用される企画乗車券を用意。また、阪急線や阪神線でも運賃が割り引かれて、京都や神戸に安く行けるタイプもそろえています。

企画乗車券が充実しているのも南海電鉄の特徴のひとつ

バス、飲食店、宿、テーマパークまで割引の範疇に入る!

　南海が発行する企画乗車券は、高野山、和歌山といった南海沿線への観光を割り引くものと、関西国際空港から市街地へのアクセスをサポートするものの2つに大別されます。

　まず、高野山方面から。高野山駅までの電車割引往復乗車券と、高野山内バス2日フリー乗車券がセットになった「高野山・世界遺産きっぷ」は、金剛峯寺、根本大塔などの拝観料やお土産も割引。高野山駅までの電車割引往復乗車券に立里荒神前までの急行バスの割引往復乗車券も組み合わせた「高野山・立里荒神きっぷ」も便利です。

　「森林浴の森100選」にも選ばれた金剛山方面としては、河内長野駅までの電車割引往復乗車券と河内長野〜金剛山(登山口またはロープウェイ前)間のバス割引往復乗車券と金剛山ロープウェイの割引券、河内長野駅周辺の飲食・宿泊施設の特典つき「金剛山ハイキングきっぷ」がお得です。

　南海本線では、「和歌山おでかけきっぷ」を用意。発売駅から和歌山市駅までの電車割引往復乗車券と和歌山バス、和歌山バス那賀の1日フリー乗車券、和歌山城やポルトヨーロッパの割引券などがセットになっています。

大阪市営地下鉄や阪急・阪神電鉄とのコラボで京都、神戸へ割引運賃で案内してくれる

「ラピート」を片道利用するだけでも、企画乗車券をまずは検討したい

　買い物目的なら「りんくうプレミアム・アウトレットきっぷ」が便利。発売駅からりんくうタウン駅までの電車割引往復乗車券と「りんくうプレミアム・アウトレットお買い物券引換券」がセットになっています。

　堺方面の企画乗車券もあります。泉北高速鉄道泉ケ丘駅までの電車割引往復乗車券と、ハーベストの丘までのバス割引往復乗車券に加え、ハーベストの丘の入場券などがつく「堺・ハーベストの丘きっぷ」があります。

　関西国際空港をカバーする企画乗車券も充実しています。大阪市街地から関西国際空港へのアクセスとしては「関空トク割 ラピートきっぷ」があり、難波駅、新今宮駅、天下茶屋駅、住吉大社駅、堺駅から関西空港駅まで割引料金で「ラピート」を利用できます。

　逆に関西国際空港に空路で来て大阪市街地や京都、神戸方面へ向かうのにお得な切符も用意。関西空港駅から難波駅までの乗車券・特急券と大阪市営地下鉄・バス・ニュートラムの乗り放題がついた「大阪出張きっぷ」、関西空港駅から天下茶屋駅乗り換えで大阪市営地下鉄〜阪急京都線経由で京都の河原町まで行く割引切符「京都アクセスきっぷ」、難波駅乗り換えで阪神電車を利用し神戸市内まで行ける「神戸アクセスきっぷ」などがあります。

フェリーを介した四国行き割引切符があるのは
航路を持つ南海電鉄ならでは

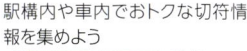

駅構内や車内でおトクな切符情報を集めよう

 ハーベストの丘……動物とのふれあい、ソーセージやパンの手作り教室、農作物の収穫が体験できる施設です。観覧車やゴーカートなどアトラクションも用意。大道芸やコンサートなど各種イベントも随時開催しています。

南海の鉄道・ケーブルカーの施設にはどんな特徴があるの？

100年以上使われている紀ノ川橋梁は、現存する私鉄では日本最古の橋という南海を象徴する存在のひとつ。一方で、変電所を一括管理できるシステムを早くから完成させるなど、最新鋭の設備にも力を入れています。

サイコロの5の目に配された独特な踏切合図標識

ハイレベルな基礎と独自のシステム

　南海では、より安定した走行を実現するためレールの重量化などを推進してきました。幹線系に広く使われている50キロレール（1mあたり50kg）を全線の94.5％にまで拡大、同時に進められているロングレール化は73.1％にまで達しています（2012年時点）。高規格にふさわしいスペックといえるでしょう。

　南海で特徴的なものに速度制限標識があります。異なる速度制限を表示する仕組みで、下段を「ラピート」専用としてそのほかの列車と分けているのです。

　また、踏切合図標識も独特です。サイコロの5の目の配置になるように5カ所にランプが設置されており、非動作時はいずれも無点灯ですが、踏切が稼働を始めると左上と右下のみ点灯し、遮断機が完全に下りると全ランプが点灯します。

古くても使えるものは活かし続ける一方で最新鋭を積極的に取り入れる貪欲さもある

高い技術力、徹底したメンテナンスが、100年以上保たれる長寿の秘訣

紀ノ川橋梁は、紀ノ川〜和歌山市間で紀ノ川に架かる橋です。100年を超す歴史を持ち、1903（明治36）年に現在の上り線部分が完成、1922（大正11）年に下り線部分が造られました。時代の違いから、橋桁や**トラス**が互いに異なるのも特徴です。この橋は南海電鉄が点検や修繕を入念に繰り返してきたからこそ、現役であり続けられる鉄道遺産といえるでしょう。

高低差約330m、最大の勾配が562.8‰（パーミル）の坂を上下する極楽橋〜高野山間を結ぶ南海のケーブルカーを支えるケーブル巻上機にも注目してみましょう。高野山開創1150年記念大法会を翌年にひかえた1964（昭和39）年12月を境にケーブルカーが2両編成に変更されました。この重量のあるケーブルカーを難なく動かすために2台の巻上機を稼働させ、出力を400kWにアップさせたのです。

今も現役の紀ノ川橋梁　写真提供：高橋 修

鋼索線の心臓部といえるのがケーブル巻上機だ

>
> **マメ蔵**
> **トラス**……鉄骨などの直線的な部材を使って、三角形を成す構造に組み立てた構造物のこと。結合部で各部材が自由に回転できるようにすることで剛性を高めています。鉄道の鉄橋のほか、屋根などにも使われます。

1章　南海電気鉄道の魅力

南海の駅ナカ施設には どんなものがあるの?

定番の立ち食いそばやベーカリーも、こだわりのメニューで常連客をつかんでいます。回転寿司、コンタクトレンズ屋さんなど、駅ナカでは珍しいお店もあります。特に人気なのが「551蓬莱」で4店舗を展開中。

大阪の地で誕生した「ヒロタ」「551蓬莱」のほか、全国チェーンも出店

　最大のターミナルである難波駅は、駅ナカがかなり充実しています。

　大阪発祥で創業約80年のシュークリームでおなじみの「ヒロタ」、奥のキッチンから焼きたても出してくれるベルギーワッフルの店「マネケン」、毎週違うブランドの商品が並ぶ「SWEETS BOX」が、バラエティに富んだ洋菓子をそろえます。

　ベーカリーは、手作りパンを70種類以上もそろえ22時30分まで営業する「HOKUO」、パンに合うコーヒー、ワイン、サラダも提供する「クックハウス ベーカリー・バル」といった個性的な顔ぶれ。

　「函館市場」の函市ランチは握り盛り合わせや海鮮丼など4種類から選べるもので、難波駅店の限定メニューです。また、豚まんで有名な「551蓬莱」が、改札の内外合わせて4店舗もあります。

　そのほか、喫茶店「南海パーラー」、書店の「ナスコブックス」、「マクドナルド」、「ユニクロ」、「マツモトキヨシ」、さらにはコンタクトレンズ店の「ハマノコンタクト」など、店舗の種類は多彩です。

飲食店や書店、ブティックなど駅ナカの店揃いは多彩

難波駅「ラピート」乗り場付近には外貨両替ショップも。空港連絡線らしい施設だ

パン、寿司、そばに中華まん…、どれを食べようか迷ってしまう

「南海そば」は南海駅ナカの名物的存在。ロケットを思わせる箸置きにもご注目!

「駅売店以上、コンビニ未満」がコンセプトという新形態の「nasco＋」

　南海のキヨスク的存在である小さな売店「NASCO（ナスコ）」はおよそ30駅で展開。飲み物や菓子、タバコ、新聞、雑誌から生活必需品までを販売するショップです。小さいながらも、常時300〜500アイテムを用意しています。

　「NASCO」の発展形として「nasco＋（ナスコプリュス）」という店舗もあります。「NASCO」が2007（平成19）年3月で20周年を迎えたことで誕生した新形態のショップです。販売形式、商品構成、店員資質、デザイン、求めやすさのすべてをもう一歩追加した（「＋（プリュス）」した）というコンセプトを持っています。駅構内という限られたスペースにも工夫をこらし、店内を歩きながら買い物が楽しめるようにしているのも特徴です。「駅売店以上、駅コンビニ未満」なる絶妙な形態を掲げ、それを実現させました。難波駅と林間田園都市駅に店舗があります。

 551蓬莱……1945（昭和20）年に難波で、故・羅邦強らが立ち上げた中華料理の販売店。看板商品の豚まんは、1日平均約14万個の売り上げ。焼売、餃子、甘酢団子、ラーメン、さらにはアイスキャンデーも販売しています。

アナウンススキルの向上や表現の見直しで聞き取りやすく

南海は大阪市街地から南部や関西空港、そして和歌山までを結ぶ路線網を有します。個性的な放送をする車掌も多く、統一感に欠けていましたが、関西空港開港に合わせて放送内容や言葉づかい、発音などの統一が進められました。

関西国際空港開港に合わせて車内放送を洗練

　かつての南海の車掌には、発音やイントネーションなどが個性的な放送をする人が多かったといわれています。また放送の言葉づかいも個人の主観に任せていたので、統一感に欠けていました。

　しかし、関西国際空港開港で他府県からの利用者が増えるため、統一した放送内容・言葉づかいや発音、イントネーションが求められることになりました。

　これらの問題を解消するためには、基本的な案内放送の言葉の統一と放送技術のスキルアップが必要でした。案内放送用語例の統一には社内でプロジェクトチームを結成し、より簡潔・明瞭をコンセプトに掲げ作成。外部講師にも参画してもらい、アドバイスを得ました。

　ソフト面では、車掌のアナウンススキルの向上を目的とした研修を外部講師に依頼し、放送用語と同時に抜本的な改善に取り組みました。

　その効果もあってか、利用者から以前よりも聞き取りやすくなった、と多くの言葉をもらうようになりました。

難波駅「ラピート」乗り場では、専門のアテンダントが乗客案内にあたっている。折り目正しい笑顔の接客が旅のスタートにうれしい

聞き取りやすい車内アナウンスを追求

「いつもの電車」を支える鉄道スタッフ。その接客にも独特の工夫がみられる

特急列車などで使われる自動音声も全面的に変更

　車内放送を見直した言葉は以下のものです。

　「増結」→「連結」、「先発電車先行列車」→「前の電車」、「方」→「お客様」、乗り換え案内の時の「JR関西線」「JR阪和線」をそれぞれ「JR大和路線」「JR鳳(おおとり)行き」。

　シンプルな表現に変えたものとしては、「終着駅」を「終点」に、「次は～でございます」を「次は～です」に、発車時に2回言っていた次駅案内を1回に、といった具合です。

　また、ワンマン列車や特急列車の一部では自動音声を導入しています。この自動音声も、改訂した内容になっています（一部除く）。

　個性的な車内放送は昔から話題になっていたそうで、車掌のアナウンスを聞いた際に「今日はあの車掌さんだ！」と乗客の間で盛り上がることもあったとか。言い方のクセも声も、乗客が覚えてしまったようです。

　このエピソードは、「帰宅時間の夕方には、多くの乗客が難波駅に4店舗もある『豚まん』で有名な人気店『551蓬莱』の袋を持っている」という話とともに「南海あるある」の代表を成しているらしいのです。

　河内弁……大阪府東部の河内地方で使われる関西弁のひとつ。地理的に不便がなく交流のあった大阪府中心部と大差のない方言です。テレビなどの影響で、最近は特徴的な言い方をする人は減少しています。

2章

南海電気鉄道の路線のひみつ

写真提供：高橋 修

都心からベッドタウンへ。
高野山や加太をはじめとする山海の観光地へ。
関西国際空港から世界へ向けて……。
そして、それらの路線を快走する列車たち。
この表情の幅広さこそが南海電気鉄道の魅力です。
2章では各路線ごとに、
その実態と魅力とに迫ってみましょう。

大阪市・堺市の閑静な住宅街を行く南海本線（難波〜羽衣）

日本有数の繁華街、大阪ミナミ。その玄関口となる難波駅を起点とする南海電鉄は、現存する日本で最も古い私鉄です。南海本線はその基幹路線として歴史を重ね、戦前には早くも高架複々線が建設されていたことでも知られています。

難波駅を出てすぐに立つなんばパークスは、かつて南海ホークスの本拠地だった大阪球場の跡地

大阪の歴史とともに発展を続ける難波駅

　9面8線のホームを擁する巨大ターミナル・南海難波駅を起点に、和歌山市駅までを結ぶ64.2kmの路線が南海本線です。

　難波駅は1885（明治18）年、阪堺鉄道によって開業しました。日本最初の私鉄駅であり、すでに130年近い歴史を持つことになります。南海鉄道の駅となったのは1898（明治31）年。現在の駅は4代目にあたります。

　難波を発車した南海本線の列車は、下町らしい風情が感じられる街並みを高架で南下します。乗り入れてくる高野線列車とともに列車の過密度が高く、そのバリエーションを実感しやすいポイントといえるでしょう。

頭端式ホームが並ぶ難波駅

新しさのなかにふと顔を出すレトロ感
南海随一の大幹線には見どころがいっぱい

都心の住宅地を快走！

　1937（昭和12）年、難波～天下茶屋間の高架線が開業、難波駅も高架駅へと衣替えします。翌年には難波～天下茶屋間で高架複々線化されますが、岸里玉出駅を境にその性格が異なるのが特徴です。すなわち、難波～岸里玉出間は複々線とはいっても南海本線と高野線とが路線別に並行する形で、高野線を分岐した岸里玉出以南では南海本線単独となり、特急など優等列車レーンと普通列車レーンで複々線を分け合っています。

　検車区がある住ノ江駅を過ぎると、大阪府第二の都市・堺市の堺駅に到着。堺駅の開業は1888（明治21）年。特急「ラピートα」以外の全列車が停車し、緩急列車の接続が行われています。

　高級住宅街として造成されてきた浜寺公園と諏訪ノ森には国の登録有形文化財に登録された洋風の素敵な駅舎がみられます。前者は東京駅を設計した**辰野金吾**の作品で、そのデザインが高い評価を得ています。

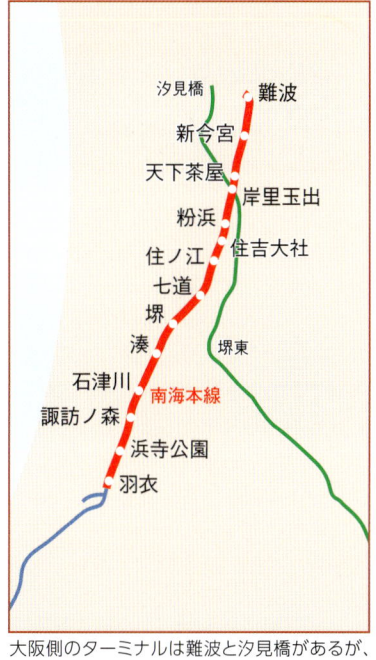

大阪側のターミナルは難波と汐見橋があるが、汐見橋側は独立した枝線扱いで、南海本線・高野線ともに難波発着となっている

特急「ラピート」も行き交う南海本線沿線は、古くから宅地開発が進められてきた

 辰野金吾……明治から大正時代初期にかけて活躍した建築家で、レールファンには東京駅丸の内駅舎（中央停車場・当時）の設計で知られています。ほかにも日本銀行本店本館や大阪市中央公会堂などの歴史的建造物を生み出しました。

大阪南部の中核都市を結ぶ南海本線（羽衣～泉佐野）

大阪湾岸に沿うようにして建設された南海本線は、泉大津、岸和田、貝塚、泉佐野といった中核都市を通り抜ける大幹線。関西国際空港開業後、重要度がますます高まっています。

かつては海水浴客で賑わいをみせた

　羽衣駅は1912（明治45）年に開業、高師浜線がここから分岐しています。また、JR西日本の東羽衣駅と隣接し、相互の乗り換えが可能です。

　羽衣駅を出発すると、ほどなく高師浜線が西寄りに分岐していきます。この付近は古くから宅地開発が進み、都心の**ベッドタウン**であるとともに高級住宅街としても知られています。2014（平成26）年春現在、連続立体交差事業による高架化工事が進められており、やがて駅や沿線風景が一変するかもしれません。

　松ノ浜駅から泉大津駅の先までは高架となり、車窓には巨大ショッピングモールや繊維工場などが目立つようになります。松ノ浜駅は、古くは海水浴客などで賑わいましたが、埋め立てられ港湾に工場が立ち並ぶ現在の海岸線に往時の面影はなくなってしまいました。

南海本線を快走する「ラピート」

りんくうタウン駅から見た南海本線。列車の走る高架線の左側に泉佐野駅がある。低層の住宅が多いが、近年は高層ビルも増えている

伝統的祭礼やいにしえのリゾートなど
沿線の背景にも要注目の区間

南下した列車は関西空港の玄関口に到着

　和泉大宮駅を過ぎて高架線に入ると、岸和田駅に着きます。岡部氏5万3,000石の城下町で、毎年9月には300年の歴史を持つ岸和田だんじり祭で賑わいます。1994（平成6）年に高架化された駅は、屋上に駐車場を設置するなど当時としては珍しい存在として知られていました。

　岸和田駅の次は蛸地蔵駅。このユニークな駅名は、近くの通称・蛸寺こと天性寺に由来。洋館風でステンドグラスがある駅舎は人気があります。次の貝塚駅は急行停車駅で、水間鉄道と接続。二色浜駅は、今なお海辺のレジャースポットして人気のビーチ・二色の浜の最寄り駅。住宅地と農地とが混在する風景を南下し、井原里駅を経て高架線に入ると、全列車が停車する泉佐野駅に到着します。この駅は関西国際空港への空港線分岐駅です。また区間急行はここから各駅に停車となります。

泉佐野は空港線との接続駅。3方向の列車の接続も取られている

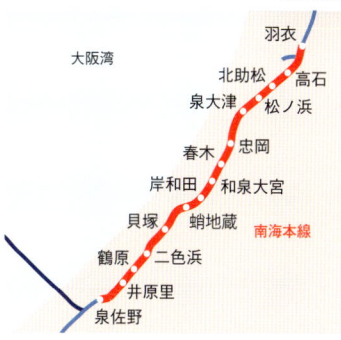

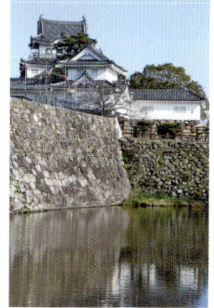

途中にある岸和田は「だんじり祭り」で知られる城下町。クランク状の通りが入り組む昔ながらの街並みが残されているなど、見どころの多い途中下車ポイントといえるだろう

マメ蔵　ベッドタウン……大都市周辺部に開けた街を指し、大都市に通勤する人の住宅が多く形成されたことからこう呼ばれています。古くからの住宅地と、企業などによって計画的に造成された場合があり、衛星都市とも呼ばれます。

阪和間の都市輸送路線として機能する南海本線（泉佐野～和歌山市）

大阪府南西部の海岸寄りを疾走する南海電車。平日の通勤輸送に加え、休日は海水浴やマリンスポーツといったレクリエーションを楽しむ行楽客輸送の側面もあり、和歌山、四国への重要なルートともなっています。

大阪湾の展望は南海線のハイライト

　大阪府の泉南地域にある泉佐野市。大阪市と和歌山市の中間部に位置する近郊都市ですが、現在は関西国際空港の玄関口として知られています。空港線は泉佐野駅の和歌山方で分岐、下り線は南海本線をオーバークロスしながら北西方向へと分かれていきます。

　南海本線の高架区間はここまで。続く羽倉崎駅には最大で170両が収容できる羽倉崎検車支区が隣接。ダイヤパターンの境目にもあたり、列車本数は泉佐野以北に比べてほぼ半減しています。

　大正年間に開業した吉見ノ里、岡田浦の両駅を過ぎると樽井駅です。樽井駅は1897（明治30）年に開業、このあたりから南海本線は海岸線近くに迫り、同駅の最寄りにも海水浴場があります。

　阪南市内に入って、鳥取ノ荘駅を過ぎるころから車窓に海岸線が広がります。海水浴場が点在し、箱作駅と淡輪駅も、夏には行楽客で賑わいをみせます。珍しい名前を持つ両駅ですが、このうち箱作の駅名の由来には、京都の賀茂神社改修時の御霊箱が海岸に流れ着いたという「箱着里」が語源という説があります。ともに明治時代に開業した歴史のある駅です。

鳥取ノ荘～淡輪間では大阪湾の展望も。南海電鉄随一のサンセットビューポイントだ

海岸線を南下した南海本線が孝子峠越えに挑む いよいよ旅は和歌山県に入る

泉佐野を境に沿線はローカル味が窺えてくるが、宅地開発も著しく、大阪都市圏の広がりを実感できる区間でもある

長い歴史を持つ南海本線南のターミナル

　起点から51.9kmの位置に、多奈川線が分岐する島式2面5線の特急停車駅、みさき公園駅があります。1938（昭和13）年の開業当時は南淡輪駅を名乗り、多奈川支線開業に伴って現在の位置に移転、1957（昭和32）年に現駅名になりました。日中の時間帯、難波発のほとんどの区間急行が当駅で折り返しとなっています。

　府県境になっている孝子峠を第1孝子トンネルで越えると和歌山県に入ります。県内最初の駅が、南海で100駅目となる新しい駅、和歌山大学前（ふじと台）駅です。2012（平成24）年に、貴志地区のニュータウンとして開発中の場所に駅が設けられました。

　終点を目前にして、加太線が分岐していきます。分岐駅の紀ノ川駅は和歌山市を二分する紀ノ川の右岸に位置、1898（明治31）年に和歌山北口として開業し、その5年後に移転するとともに現駅名に改称されました。

　紀ノ川橋梁を渡ると終着の和歌山市駅です。JR西日本紀勢本線との乗り換え駅で3面6線構造。開業は1903（明治36）年です。運行は朝晩を除く平日デイタイムで毎時4本。すべて難波行きで、特急サザンと普通が2本ずつとなっています。和歌山港駅からの直行は、平日でサザンが3本、朝の急行が2本です。

> **マメ蔵**　**賀茂神社**……神武天皇伝説の時代に始祖が遡るといわれる氏族・賀茂氏の氏神を祀る神社で、京都市にある賀茂別雷神社と賀茂御祖神社を併せた称号。国宝を含む多くの文化財が伝わることでも広く知られています。

JRとの共同使用区間を含む、関空アクセス路線の空港線

拠点空港として日本初の24時間空港となった関西国際空港。空港線はそのアクセスラインとして誕生、空港特急「ラピート」を筆頭に、世界各地とを結ぶルートの一翼を担っています。

道路と兼用の関西国際空港連絡橋は空港線のハイライト

本線分岐も見どころのひとつ！

　空港線は南海本線の泉佐野〜関西空港間の8.8kmを結ぶ空港アクセス路線です。空港開港前の1994（平成6）年6月に従業員輸送を目的として先行開業。同年9月の空港開港とともに正式開業しました。

　線形や車窓はスリリングです。列車は、泉佐野駅を発車すると右カーブしながら南海本線上をオーバークロス、アーチを駆け下りて空港線の上りと並行します。続いて、JR関西空港線が下り線上をクロスする形で南海空港線の上下線の間に入り、りんくうタウン駅に着きます。りんくうタウン駅は2面4線構造で、外側2本が南海空港線用となります。

　りんくうタウン駅の先の6.9km間はJR西日本との共用区間で、両社の列車が同一線上を走ります。ほどなく空港アクセス道路が弧を描きながら線路に接近。道路とともに関西国際空港連絡橋へと接続します。

南海とJRが同じ線路を共用
全国でも珍しい形態を持つ空港連絡橋

お互いの持ち味で共演する南海とJR

　関西国際空港は、大阪湾の泉州沖5kmの人工島上に造られた空港で、世界最長のトラス橋である全長3.75kmの関西国際空港連絡橋が通じています。連絡橋は2層構造で、上段が6車線の道路、下段が複線の鉄道線です。列車からの展望は空港線のハイライトといえるでしょう。鉄橋を渡り終えると空港エリア。車窓に旅客機の姿などが認められます。

　列車は、上下線の両渡り分岐機を越して左に大きくカーブしながら関西空港駅に到着します。2面4線のホームは鉄道会社別になっており、南海は1・2番線を使用。同線の運行管理はJR西日本、運転取り扱いはりんくうタウン駅が南海の業務とされています。運行は、難波発着の特急「ラピート」と空港急行、普通列車が毎時ほぼ2本ずつ運転されています。JR線は中遠距離客が多めなのに対し、南海は近距離アクセスや空港通勤客が比較的多いといわれています。また、近年はりんくうタウン隣接の商業施設の利用客が増加しつつあるようです。

りんくうタウン〜関西空港間は南海電鉄とJRの共用区間。同じ線路上を両社の列車が行き交っている

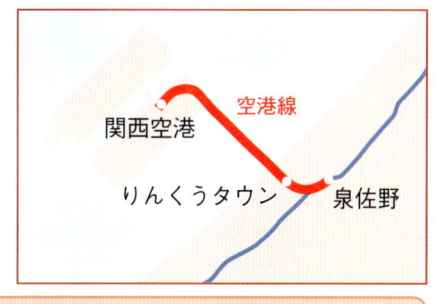

マメ蔵　関西国際空港連絡橋……泉佐野市のりんくうタウンと関西国際空港島とを結ぶ橋梁。2階建て構造で、上部に6車線道路、下部に複線鉄道が通るほか、各種インフラの経路にも使われています。全長3.75kmのトラス橋は世界最長です。

大阪府和泉地方のローカル線、高師浜線・多奈川線の楽しみ方

現在、羽衣駅付近の高架化工事が南海本線とともに進行中の高師浜線。かつての軍需路線も、いまでは通勤・通学の足として活躍中です。南海にはこのような歴史のある盲腸線が多く、レトロな魅力を放っています。

高級住宅街に延びる高師浜線

　南海本線の羽衣駅と高師浜駅とを結ぶ盲腸線が高師浜線です。全長は1.5kmで、南海電鉄の鉄道路線中の最短路線です。

　ミニ路線ながら途中駅に伽羅橋（きゃらばし）駅があります。単線ながら高師浜駅と伽羅橋駅が高架で、ローカル線とはやや異なる雰囲気を感じるかもしれません。いずれの駅も1面1線構造。全区間を1閉塞とするため他の列車の運転ができず、2両編成のワンマンカーが折り返し運転をしています。

　高師浜線は海水浴客輸送などをおもな目的として建設されました。開業は1918（大正7）年。まず羽衣～伽羅橋間が開業し、翌年に高師浜駅までの全通をみました。高師浜駅と伽羅橋駅が高架化されたのは1970（昭和45）年です。

　高師浜線で注目したいのは、なんといっても高師浜の駅舎でしょう。ステンドグラスを用いた西洋風デザインは、開業当時の面影をよく残しています。周辺の宅地開発と関連して開業したという経緯もあって、こうしたモダンな駅舎が造られたのかもしれません。

高師浜線は羽衣駅の切り欠きホームに発着。わずか1.5kmのトリップの終点・高師浜駅は開業時からの駅舎を持ち、ステンドグラスなどに往時のセンスを窺わせる

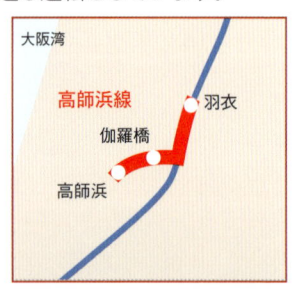

42

わずか2.6kmのミニ枝線ながら、奥深い歴史を持つ多奈川線の魅力

多奈川線は短区間の盲腸線だが、物資輸送などの重要路線として活躍した歴史を持つ

多奈川線のみどころは深日町駅付近に連なるアーチ式高架橋。旧ホームの遺構も残る鉄道遺産だ

軍需工場輸送を目的に戦時中に開業した多奈川線

　多奈川線は、南海本線のみさき公園駅から分岐して、大阪湾の深日港に面した多奈川駅までを結ぶ2.6kmの全線単線の路線です。途中駅は深日町駅と深日港駅です。両駅は1面1線のため、線内での列車交換はできません。

　かつて難波駅からの直通急行「淡路」が運行され、淡路航路との接続運転がされていた多奈川線ですが、現在はワンマン運転の普通列車のみが行き来するローカル線に変わっています。朝晩が毎時3往復、日中は2往復、土曜・祝祭日はほぼ終日毎時2往復運転となっています。

　開業は戦時中の1944（昭和19）年。沿線に連なる軍需工場への通勤路線としての役割を果たしてきました。戦後は、工場の船着き場を改修して深日港が完成。この設備を利用した徳島方面や淡路島方面とを結ぶルートとして賑わいをみせます。

　しかし、明石海峡大橋開通などのあおりを受けて徳島連絡航路は廃止、淡路連絡航路も移転（後に休止）してしまいました。フェリー乗り場も撤去されたいま、深日港駅の広いホームや港側の改札跡などに往時の繁栄をしのぶのみとなっています。

> **マメ蔵**　**閉塞**……鉄道において衝突を防ぐために設けられる保安システム。一定の距離間（閉塞区間）を区切って複数の列車が入らないようにするもので、各種の信号や制御装置などを用いて安全な運行を支えています。

2章　南海電気鉄道の路線のひみつ

和歌山県地区のローカル線、加太線と和歌山港線の魅力

加太線は軽便鉄道をルーツとしながらも西ノ庄を除くすべての駅で交換可能なほか、交換設備を持つ梶取信号所があるなど設備が充実。一方で、鉄道連絡船へのアクセスで栄えた和歌山港線は、今なおその重責を担っています。

軽便鉄道からスタートした加太線

　加太線は和歌山市にある紀ノ川〜加太間を結ぶ9.6kmの路線です。利用者のメインは通勤・通学客ですが、夏場には加太・磯の浦海水浴場へのアクセス路線としても賑わいをみせます。

　住宅街をこまめに停車しながら行く様子は地方のミニ私鉄を彷彿とさせますが、末端の磯ノ浦〜加太間の一区間では田蔵崎のつけ根を横断し、わずかながら峠越えの様相を窺わせます。紀ノ川駅では南海本線と接続し、すべての列車が和歌山市駅発着。線内ではワンマン運転になっています。

　加太線は、蒸気鉄道の加太**軽便鉄道**によって1912（明治45）年に和歌山口（後に北島）駅と加太駅とを結ぶ路線として開業したのが始まりです。1914（大正3）年に紀ノ川の橋梁が完成すると、和歌山市駅と隣接して和歌山口駅を開業させるとともに路線を延伸。1930（昭和5）年に電化するとともに、加太電気鉄道と社名が変わりました。

　1947（昭和22）年、旧南海鉄道部分の路線が南海電気鉄道に合併されます。当時は北島経由の旧路線も存続していましたが、1953（昭和28）年の豪雨被害で紀ノ川橋梁が使用できなくなり、線路が分断。復旧後は東松江〜北島間を北島支線、加太〜紀ノ川間を加太支線と呼ぶようになりました。北島支線は1966（昭和41）年に廃止されています。

加太駅は本屋側ホームの先に2番線を持つ独特の構造。列車は和歌山市駅に直通している

関西と四国とを結ぶ大動脈「南海四国ライン」今なお重要ルートとして活躍中

2章 南海電気鉄道の路線のひみつ

和歌山港線にあった途中駅は廃止され、フェリー連絡のみが事実上の役割となった

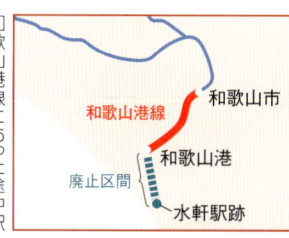

和歌山港駅は、四国連絡航路との接続駅として命脈を守る

かつての終着駅・水軒駅はすでに撤去され、わずかな痕跡を残すのみになった

小駅の改廃もみられる和歌山港線とは？

　私鉄が運行する鉄道連絡船としては、日本で唯一の「南海四国ライン」。これと接続するのが、南海本線の延長線上にある和歌山港線です。1駅の区間ながら、難波駅から直行の特急「サザン」も同線に乗り入れています。

　和歌山港と徳島港を結ぶ南海フェリーの四国航路。そしてこれに接続する2.8kmの和歌山港線は、ともに大阪方面と四国を結ぶ重要なラインを形成しています。この線はかつて和歌山港駅から2.6km先の水軒駅が終着駅でしたが、2002（平成14）年にこの駅を含む末端区間が廃止。久保町、築地橋、築港町の3駅も2005（平成17）年に廃止されました。

　現在の和歌山港線は、フェリーとの連絡輸送に合わせた接続ダイヤが組まれています。和歌山港駅発の上りでは平日で11本（下り8本）を運転。難波駅行きが朝と夜の3本の特急「サザン」と朝の急行2本で、残りは普通列車の和歌山市駅行きです。土・休日は8本（下り7本）運転で、うち4本が特急「サザン」、残りが普通となっています。

> **マメ蔵**　**軽便鉄道**……文字どおり軽便な鉄道を指し、日本では一般に南海やJRなどの軌間1,067mm（3.6ft）未満の鉄道をこう呼んでいます。建設や維持コスト面で一般鉄道より有利ですが、速度や輸送力に難があり、現存するのはわずかです。

都会のローカル線、古き良き南海カラーが残る高野線（汐見橋線）

高野線の汐見橋〜岸里玉出間は、幹線のターミナル口でありながら、事実上の支線としての役割を果たす不思議な区間。高野線は岸里玉出駅を境に線路と運行が分離されており、支線と化したターミナル側は汐見橋線とも呼ばれています。

つかの間のターミナルだった汐見橋駅

黎明期のターミナルであった汐見橋駅のいま

　高野線の起点は汐見橋駅ですが、極楽橋方面への列車は難波駅からの直通運転で、汐見橋駅との直通はありません。通称・汐見橋線区間の4.6kmはローカル線となり、20時以降の夜間を除いて、各停がほぼ30分ヘッドで運行されています。ワンマン列車が折り返し運転している姿は、大都市・大阪に残された貴重なローカル線といってもいいでしょう。

　高野線を敷設した高野鉄道は、当初は堺駅で南海鉄道と接続して難波駅まで直通運転をする計画を立てていました。しかし計画は自社路線を大阪市内に延伸させるルートに変更、1900（明治33）年に道頓堀（現・汐見橋）〜大小路（現・堺東）間が開業しました。これが現在の汐見橋線です。

　その後、高野山への鉄道路線は南海鉄道が主導権を握り、1929（昭和4）年11月、高野線の列車が難波発着となりました。このため、汐見橋〜岸ノ里間は実質的に枝線となり、基本的には住吉東駅を発着駅とする汐見橋〜住吉東間での運転に大きく変更されたのです。

本線でありながらその実態は支線的
都心に生きるローカル線・汐見橋線に乗ってみよう

頭端式ホームに漂うターミナル駅の薫り

　1993（平成5）年に岸ノ里駅と玉出駅が統合されて**岸里玉出**駅が誕生します。1995（平成7）年には高架工事が完了して現在の形が出来上がりましたが、1985（昭和60）年に岸ノ里から極楽橋方面への渡り線が廃止されていたため、南海本線を境に汐見橋方面と極楽橋方面との直通運転ができない線路構造になっています。

　汐見橋駅は島式1面2線で頭端式になっており、駅舎はリニューアルされたものの、いにしえのターミナル駅らしい雰囲気が残っています。

　中間駅は木津川駅だけが島式2線で、ほかは相対式の2面2線構造です。岸里玉出駅の汐見橋線の6番ホームは、単式の1面1線で行き止まり式。ホーム手前に南海本線の通過線である5番線との渡り線が設置されています。

　汐見橋線には昔ながらの架線柱が多く残るなど、郷愁を誘うかもしれません。古き時代の南海電車の雰囲気が漂う都心のローカル線なのです。

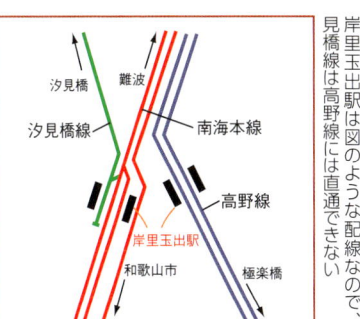

岸里玉出駅は図のような配線なので、汐見橋線は高野線には直通できない

岸里玉出駅付近の線路を高架下から見る。最奥の高架を行くのが汐見橋線列車だ

> **マメ蔵**　**岸里玉出**……大阪の下町・西成区にある南海電鉄の駅で、かつての岸ノ里駅と玉出駅とが1993（平成5）年に統合されて生まれました。旧・岸ノ里駅は本線と高野線との分岐付近。両駅間はわずか400mでした。

南河内地方のベッドタウンの足として機能する高野線（天下茶屋〜橋本）

特急「こうや」号の名称は昔から広く認知されていました。山岳線や観光路線的な雰囲気が多い高野線ですが、沿線は宅地開発が著しく、難波側を中心に、通勤・通学路線としての性格が南海本線以上に色濃く感じられます。

難波から南下するもうひとつの幹線・高野線

　高野山・真言宗総本山への行路として知られている南海高野線。起点駅は汐見橋駅で、極楽橋駅までの64.5 kmを結んでいます。しかし、46ページで触れたとおり、列車はすべて南海本線の難波駅発着となっており、汐見橋〜岸里玉出間は高野線とは切り離された運行形態がとられています。

　難波〜岸里玉出間は南海本線と複々線を構成していますが、難波駅からひとつめの今宮戎（いまみやえびす）駅と3つめの萩ノ茶屋（はぎのちゃや）駅は高野線のみの駅で、南海本線にはこれらの駅は設置されていません。このため高野線の普通列車は「各停」、南海本線の普通列車は「普通」と種別名称を呼び分けています。

　新今宮駅と天下茶屋駅には全列車が停車。南海本線との分岐駅は岸里玉出駅ですが、両線は構内の手前でY字型に分かれていきます。そのため、岸里玉出駅では南海本線・汐見橋線のホームと高野線ホームとがやや離れており、乗り換え用の連絡通路が設けられています。

　高野線は、古くから高級住宅街として知られる帝塚山駅を経て、さらに南下していきます。

積極的な宅地開発が進められた結果、高野線は旺盛な通勤・通学需要に支えられている

大小の新興住宅地を経て、列車は次第に郊外へ…

　高野線は南海本線の東側をカバーするように南下し、堺東駅の先で進路を南東寄りに改めます。沿線は大阪のベッドタウンとして発展しており、中百舌鳥駅や初芝駅をはじめ、南海が開発した住宅地が続きます。

　河内長野駅あたりまで来ると、にわかに山並みが見えてきます。車窓は急激に山深くなり、橋本駅の手前の天見駅と**紀見峠**駅との間で大阪府と和歌山県との境を越えます。ここから橋本駅にかけても宅地開発が著しく、高級住宅地・美加の台や、大規模なニュータウンとして知られる林間田園都市が広がっています。通勤・通学客の足として、高野線が欠かせない存在となっていることを窺わせます。

帝塚山駅では、珍しくなった乗車券の窓口販売が見られる

　高野線には、難波〜極楽橋間の特急「こうや」のほか、難波〜橋本間に特急「りんかん」が運転されています。また、林間田園都市駅以降が各停となる快急、河内長野駅以降が各停の急行、北野田駅以降が各停の区急、堺東駅以降各停の準急、そして各駅停車が運行されています。

河内長野駅には近鉄長野線が乗り入れ、肩を並べる

マメ蔵　紀見峠……河内長野市と橋本市の間にある峠で、大阪府と和歌山県との境界。古くから高野街道とともに開け、紀伊（和歌山）側には宿場が設けられていました。南海電鉄の紀見峠トンネルは1915（大正4）年に開通しました（当時は大阪高野鉄道）。

日本有数の山岳区間、ズームカーが唸りを上げる高野線（橋本〜極楽橋）

世界遺産として登録された霊峰高野山に向かう高野線は、終着駅の極楽橋が近くなると、半径100mの急カーブが連続し、最急勾配は50‰という急坂区間がある、日本でも有数の山岳路線です。

日本有数の難所を抱える山岳区間に突入！

　難波から新興開発地に沿って南下してきた高野線ですが、橋本駅を境にして単線になるとともに、沿線の様相も次第に変わっていきます。

　ターニングポイントとなる橋本はJR西日本和歌山線との共同使用駅で、南海のホームは島式の1面2線式。JRとの続番で4・5番線が高野線ホームになっています。

　かつて難波駅から極楽橋駅まで直通していたいわゆる「大運転」の列車は、近年ではめっきりと少なくなりました。定期運行の特急「こうや」はわずか4往復（土・休日は1往復が加わる）という陣容で、そのほか快急と急行が難波〜極楽橋間を往復（急行の河内長野〜極楽橋間は各停）。橋本〜極楽橋間は、早朝を除いておおむね毎時2往復の運転となります。橋本駅までの列車は20m級の4扉通勤車が基本で編成されていますが、極楽橋駅に向けては急曲線が多いために20m車は入線できず、17mの2扉車が基本となります。この点で、橋本駅は高野線の関所的存在といえるかもしれません。

※「こうや」「天空」は、季節や曜日により運転数が異なります

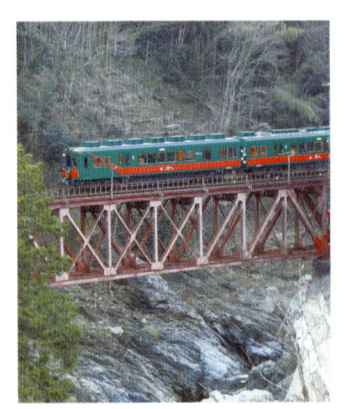

左／高野線の新スター「天空」は展望タイプの観光列車
下／南海電鉄の老舗特急「こうや」は高野山観光の足として古くから活躍　写真提供：高橋 修

高野下駅からは50‰クラスの急勾配が連続
ショートボディの列車が隘路を進んでいく

歴史ある巡礼地への道にふさわしいクライマックス

　橋本を出た列車は、コの字型に大きくカーブをして紀ノ川を渡ります。2つ目の学文路駅は難読駅名として知られ、学文路天満宮の最寄り駅。その名にあやかって、受験生らに人気がありますが、地名そのものは高野詣での宿場町だった学文路村に由来しています。

　次の九度山駅あたりから勾配区間になっていきます。丹生川橋梁を渡り、同線最長の椎出隧道（全長399m）を抜けると、やはり宿場町だった高野下（旧・高野山）駅です。

　高野下駅からは50‰という急勾配が連続し、標高535mの極楽橋駅まで420m以上の標高差を駆け上がります。次の下古沢駅はこの区間唯一の単式1面1線駅。隣の上古沢駅との間で、古いトレッスル式の中古沢橋梁を渡ります。全長67.6mで高さ33.4mの美しい鉄橋です。橋を見上げる形で展望台が設置されているので、立ち寄ってみてはいかがでしょうか。

　上古沢駅からは、世界遺産「紀伊山地の霊場と参詣道」を構成する高野山町石道に通じる道があります。そして24カ所の隧道をくぐり抜け、終点の極楽橋駅に着きます。櫛形3面4線構造で3・4番線が特急ホーム。乗客は、さらに鋼索線の高野山ケーブルに乗り換えて高野山を目指します。

橋本以南は山岳路線と化す高野線。終点・極楽橋付近は無人郷で、高野山参拝とハイカーの利用がほとんど

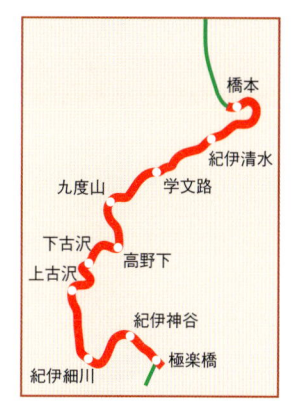

マメ蔵　**‰（パーミル）**……1000分の1を1とする単位で、千分率とも呼ばれます。鉄道では勾配の数値に用いられ、水平の移動距離1kmあたりの高低差を表しています。たとえば、25‰の場合は水平1kmに対し25mの高低差となる角度です。

最大562.8‰の急勾配を走行、昭和レトロの雰囲気も魅力の鋼索線

鋼索線とはケーブルカーのことです。高野山への参詣客輸送に活躍し、最大562.8‰の急勾配を登ります。登録有形文化財の駅舎があったり、約50年前の車両で営業していたり、昭和レトロの雰囲気を味わえます。

高野線と接続してさらなる山奥へと誘う

　鋼索線は2両編成のケーブルカーが高野線の極楽橋駅から高野山駅までを結ぶ0.8kmの路線です。両地点の高低差は約330m、最大562.8‰の勾配を持ちます。562.8‰の勾配を角度に直すと約30°になります。

　開業は1930（昭和5）年6月29日。真言宗の総本山である**金剛峯寺**（高野山）への参詣客輸送を目的に建設されました。現在運行中の「コ11・21形」は、東海道新幹線の開業と同じ年の1964（昭和39）年に製造された車両です。

　鋼索線の見どころは、車両や設備が古い時代の味わいを色濃く残しているところでしょう。コ11・21形は、ケーブルカーとしては珍しい2両編成（定員260名）で運転されています。これは、20000系特急「こうや」からの乗り継ぎ客（定員約200名）を極楽橋から1度の運転で高野山に運ぶためだったといわれています。高野山駅までは5分ほどで登り、ここからは南海りんかんバスに乗り換え、約10分で金剛峯寺などがある高野山中心部へ到着します。

極楽橋からは鋼索線のケーブルカーが連絡。高野山参拝の要であり、各所に残る古い設備がこの路線の深い歴史を問わず語りに示している

長きにわたり高野山参詣客を運んできた鋼索線には歴史を積み重ねた設備や車両などの見どころも満載

鋼索線は独立路線

高野山の山間に敷設されたケーブルカー。下り勾配では、勾配標は右下を指す

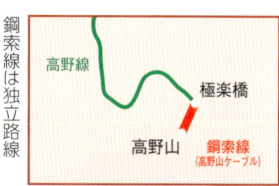

運行は山頂側でコントロール。急勾配の登山鉄道の旅だ

創業当時の駅舎が現役で生きる高野山駅

　鋼索線の極楽橋駅の標高は538m、高野線の極楽橋駅とは川を挟んで連絡通路で結ばれています。極楽橋駅は乗降客が少ないため簡易自動改札機が設置されています。

　登るに従い、勾配は300‰、400‰、500‰と傾斜が増加、終点の高野山駅近くで最急勾配の562.8‰をマークします。これは国内では高尾登山電鉄（608‰）、立山黒部貫光鋼索線黒部ケーブルカー（587‰）に次ぐ急勾配です。上下列車は中間地点で行き違います。

　高野山駅は標高867m、寺院風な屋根を持つ木造2階建てのレトロな駅舎は、開業当時からほとんど変わっていません。2005（平成17）年には国の登録有形文化財に指定されました。この駅にはIC乗車券が使用できる自動改札機が設置されていて、昭和レトロと現代とが同居しています。また、駅舎内部にはケーブル巻上機と運転室が設置されています。

　車両の色は当初は20000系に合わせたものでしたが、30000系投入に合わせて同系に準じた塗装に変更されました。

> **マメ蔵**　**金剛峯寺**……弘法大師空海を開祖とする真言密教の総本山です。明治時代までは青厳寺と呼ばれていました。毎年100万人を超える参詣客が訪れ、2004（平成16）年には「紀伊山地の霊場と参詣道」として世界文化遺産に登録されました。

関西と徳島を結ぶ動脈、南海四国ラインってどんなルートなの?

南海四国ラインは今では数少ない鉄道連絡船の伝統を引き継いでいる存在です。明石海峡大橋開通により運航環境が楽とはいえなくなったものの、フェリーの強みを生かして安全運航を行っています。

かつては四国内で国鉄路線と接続

　南海四国ラインは、和歌山港と徳島港とを結ぶ南海フェリーをさします。今では数が少なくなった鉄道連絡船としての役割を担っており、フェリーが発着する岸壁前まで和歌山港線の列車が乗り入れています。列車とフェリーで接続ダイヤがとられているのは、鉄道連絡船ならではのサービスといえるでしょう。

　徳島港側では、JR徳島駅前まで路線バスが連絡しています。かつての徳島県側の港は小松島港で、国鉄小松島線が接続、本四間ルートとして、今以上に鉄道との強い結びつきがみられました。

　現在は1日8往復が運行、"フェリーかつらぎ"と"フェリーつるぎ"の2隻が活躍しています。

　和歌山港へは、大阪難波から南海電鉄特急「サザン」が直通、およそ1時間のトリップです。和歌山港駅は高架上の駅コンコースとフェリーターミナルとを連絡通路が結んでいます。和歌山港を出港すると、紀淡海峡を渡り徳島港までおよそ2時間の航海です。

和歌山港駅はその名の通り和歌山港の一角にあり、フェリーへは連絡橋が通じている。列車本数は縮小されたものの、いまなお本四連絡の利用者は多い

強力ライバル登場後にも
実績と信頼感で利用者を獲得

99％を超える就航率を誇る

　南海四国ラインは、1956（昭和31）年に南海電鉄開業70周年記念事業として運航を開始しました。1964（昭和39）年には年間乗船客数が100万人を超え、国鉄の宇高連絡船と並ぶ四国連絡のメインルートに成長します。四国側も国鉄小松島線小松島港から松山・高知へ直通する準急列車が走り、四国全県とを結ぶルートが構築されました。このころが南海四国ラインの黄金期だったといえるでしょう。また、1983（昭和58）年には和歌山港〜小松島港（後に徳島港）間を約1時間で結ぶ高速船（南海徳島シャトルライン）が投入され、2002（平成14）年まで活躍しました。

　こうして順調に成長を遂げた南海四国ラインも、1998（平成10）年に明石海峡大橋が開通すると、同橋を経由する高速バスの影響で乗船客が大幅に減少。かつての勢いを失っていきます。しかし、就航率99％を超える運行の確実性や安全性をアピールするだけでなく、トラックの排ガス規制対策に対する優位性など、フェリーならではの強みを活かしながら着実に運航を続けています。

和歌山港フェリーターミナルでは乗船する自動車が待機している

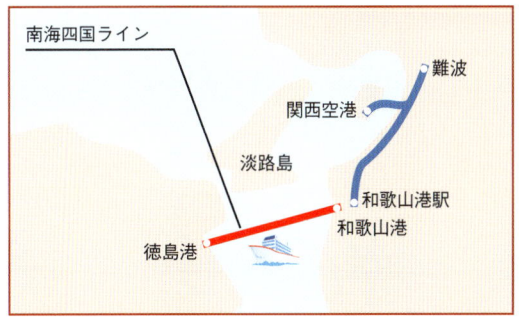

関西から四国への最短ルートとして栄華を誇った南海四国ライン。ライバルに圧されながらもその利便性が評価され、役割の重要度は衰えていない

マメ蔵　**国鉄小松島線**……牟岐線の中田〜小松島間の1.9kmを結んでいた、国鉄で営業キロが最も短い路線でした。急行や準急など優等列車が発着し、四国への連絡路線として活躍していましたが、1985（昭和60）年に廃止されました。

2章　南海電気鉄道の路線のひみつ

南海と相互乗り入れしている泉北高速鉄道ってどんな路線なの?

泉北高速鉄道はニュータウンの住民の足として建設された第三セクターの鉄道です。中百舌鳥駅から南海電鉄の高野線に乗り入れ、難波駅まで直通する列車も運転されています。

泉北高速鉄道は中百舌鳥駅の先で高野線をアンダークロス

南海と共同で日常客輸送に健闘

　泉北高速鉄道は、南海電鉄高野線の中百舌鳥を起点として和泉中央までの14.3kmを結ぶ路線です。大阪府や関西電力などが出資した第三セクターの鉄道で、大阪府都市開発株式会社泉北高速鉄道が正式名称です。堺市の丘陵に造成された**泉北ニュータウン**と大阪府中心部とを結ぶ住民の足として、1971(昭和46)年4月に中百舌鳥〜泉ケ丘間が開業しました。

　南海電鉄との縁は深く、開業当初から南海電鉄高野線との相互直通運転が行われています。また、当初は車両の検査や運行、駅の管理などの業務が全面的に南海電鉄に委託されていました。

　路線は少しずつ延びていき、1995（平成7）年に光明池〜和泉中央間が延伸開業して、現在の形になりました。

高規格で建設された泉北高速鉄道は、ニュータウンの暮らしを支える電車

中百舌鳥駅は新たな鉄道の要衝に成長

　泉北高速鉄道の列車は、中百舌鳥駅を出発すると、線内唯一の踏切を過ぎ、地下に潜り、右にカーブしながら白鷺公園の先で再び地上に顔を出します。ここから先は鉄道と道路はともに関連づけて建設され、すべての箇所で立体交差。整然と区画されたニュータウンの中の高規格路線を列車は快走していきます。

　泉ケ丘と栂・美木多、光明池の各駅はそれぞれ泉北ニュータウンの各地区の中心に駅が設置され、ニュータウンの生活路線としての利便性が高いといえるでしょう。終点の和泉中央駅には駅を中心にした"トリヴェール和泉"というニュータウンがあり、1992（平成4）年の街開き以来、発展を続けています。

　区間急行・準急・各駅停車の3種別の列車が走りますが、線内に通過線を持つ駅はないため、どの列車も追い抜かれることはありません。南海電鉄高野線との相互直通運転のほか、中百舌鳥駅では大阪市営地下鉄の御堂筋線との乗り換えも可能です。

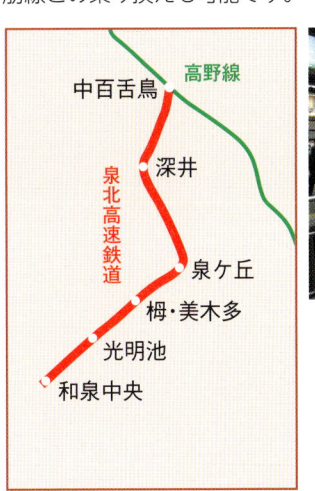

難波駅に乗り入れている泉北線直通列車

ほぼ全線が新興住宅地を走るが、郊外らしい展望も随所に残されている

マメ蔵　泉北ニュータウン……高度経済成長期の住宅需要に応えるために堺市南区を中心に開発された新興住宅地（ベッドタウン）です。1967（昭和42）年の街開き以降、緑豊かな住環境を有する街として発展してきました。

かつて南海の路線だった 大阪唯一の路面電車・阪堺電気軌道

阪堺電気軌道は1980(昭和55)年まで南海電鉄の路面電車でした。戦時中は大きな被害を受けたものの、開業から100年を超える長い歴史を背負い、現在も地元の足として活躍を続けています。

チン電の名で親しまれる路面電車

　阪堺電気軌道は、大阪市内と堺市内で路面電車を営業しています。
　恵美須町～浜寺駅前間の14.1kmを結ぶ阪堺線と、天王寺駅前～住吉公園間の4.6kmを結ぶ上町線の2路線を運行し、通称"阪堺電車"と呼ばれます。地元の人は親しみをこめて"チン電"と呼ぶことがあります。
　上町線は、1900(明治33)年に大阪馬車鉄道が天王寺南詰(現・天王寺駅前交差点付近)～阿倍野(現・東天下茶屋)間を開業させたことから歴史は始まります。その後、社名を大阪電車鉄道から浪速電車軌道へと変え、1910(明治43)年に南海鉄道と合併します。
　阪堺線は阪堺電気軌道(現在の阪堺電気軌道とは別会社)が1911(明治44)年に恵美須町～市之町(現・大小路)間を開業させたのを皮切りに、1912(明治45)年には浜寺(現・浜寺駅前)までの延伸をして現在の路線の形ができました。しかし、南海鉄道と並行するため両社間での競争が激化。そこで共倒れを避けるため、1915(大正4)年に南海鉄道に吸収合併されました。

道路の中央にある帝塚山三丁目電停に停車する700形。路面電車らしい光景が今も見られる

変貌を続ける街の足下で歴史を見つめる
新しい街並みとレトロ車両とのコラボも魅力

短路線ながら車窓の変化も楽しい

　第二次世界大戦中に、南海鉄道と関西急行鉄道の合併により近畿日本鉄道が発足。そのため、上町線と阪堺線は同社天王寺営業局の傘下となりますが、1947（昭和22）年には旧南海鉄道が近鉄から分離し、阪堺電車は南海電気鉄道の軌道線へと転じています。その後、1980（昭和55）年に阪堺電気軌道が設立、南海電鉄から軌道線事業を譲渡され、現在の形になったわけです。

　基本的には路面電車ですが、堺市内では併用軌道ながらも"センターリザベーション軌道"と呼ばれる車道とは完全に分離された軌道を走ります。

　現在、車齢80年を超えるモ161形から最新の低床式車両1001形（堺トラム）までの車両が活躍。日本一の高さを誇る高層ビル・**あべのハルカス**や毎年200万人を超える初詣客が訪れる住吉大社など、沿線風景にも変化が多く、見どころの多い路線だといえるでしょう。

路面電車ならではの展望も

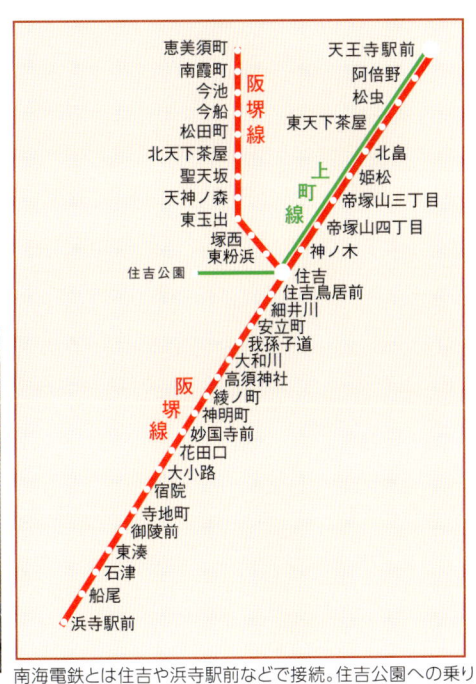

南海電鉄とは住吉や浜寺駅前などで接続。住吉公園への乗り入れはラッシュ時の一部のみ

> **マメ蔵**　**あべのハルカス**……2014（平成26）年に全面開業した大阪の新名所です。高さは横浜ランドマークタワーの296mを超える300mで日本一高いビルになりました。ハルカスには人の心を晴れ晴れとさせるという意味が込められています。

ユニークな電車が活躍する和歌山電鐵は、かつて南海の路線だったって本当？

南海電鉄貴志川線を引き継いだ和歌山電鐵は、「いちご電車」、「たま電車」などさまざまなユニークな電車が活躍する、魅力ある観光路線ですが、今日に至るまでには廃止の危機などの問題を乗り越える必要がありました。

ウッディタイプの内装を持つ「たま電車」には、「三毛猫駅長・たま」をモチーフにしたかわいらしいイラストが満載

逆境を乗り越えて再出発した和歌山電鐵

　和歌山電鐵は、JR・和歌山〜貴志間の14.3kmを結ぶ路線です。2006（平成18）年4月に南海電鉄の支線であった貴志川線を引き継いで運行を開始しました。

　前身は山東軽便鉄道で、開業は1916（大正5）年。貴志まで全通したのは1933（昭和8）年で、その後1961（昭和36）年に貴志川線として南海電鉄の一員となったのです。

　1990年代以降、貴志川線はCTCの導入や車両の置き換え、ワンマン化、一部駅の無人化など近代化と合理化を進めました。しかし、利用客の減少などから2003（平成15）年には南海電鉄が廃止を検討していると表明、存廃問題が浮上します。これに対し地元住民は「貴志川線の未来を"つくる"会」などの市民組織を立ち上げ存続運動に乗り出しました。地元自治体の支援や学識者による費用対効果の科学的分析など運動は多方面に展開。その結果、岡山電気軌道（両備グループ）が名乗りを上げると、2005（平成17）年に両備グループ傘下となる和歌山電鐵が設立され、翌年4月1日に和歌山電鐵貴志川線として再起を果たしたわけです。

かわいらしい三毛猫駅長"たま"の知名度は全国区！地元名産を活かした施策などで沿線を盛り上げる

終点まで乗り通したい素朴なローカル線

　和歌山駅を出ると、ひと駅目の田中口駅の先でJR紀勢本線から東に別れ、クランク状に再び南下したのちに竈山駅からは東寄りに貴志駅を目指します。宅地と農地の混在する中を行くのどかな路線ですが、山東〜大池遊園間には小さな峠越えがあります。

　終点の貴志は、貴志川のほとりに開けたこぢんまりとした農村です。その一角にたたずむ貴志駅では、ネコの顔をモチーフにした駅舎と**三毛猫駅長"たま"**が迎えてくれます。その愛らしい姿や仕種は今や全国的な人気を呼び、ひょっとすると世界一有名な駅長さんかもしれません。

　一方、地元の名産にちなむ「いちご電車」や車内にガチャガチャマシーンのある「おもちゃ電車」、三毛猫"たま"をモチーフにした「たま電車」などユニークな車両も次々と登場。観光客の利用促進やパーク＆ライドなどの施策を進めた結果、利用者数が増え収益も改善してきています。地方ローカル線再生のモデルケースともいわれ、"日本一心ゆたかなローカル線"を目指して、今日も走り続けています。

和歌山電鐵には、工業デザイナーの水戸岡鋭治が手がけたおもちゃ電車などのユニークな列車が走る

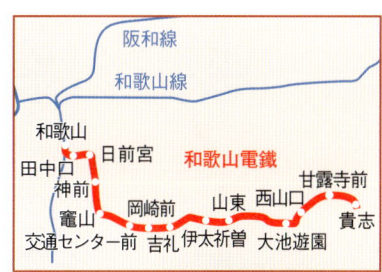

駅長は勤務中もお昼寝かにゃ？

マメ蔵　三毛猫駅長"たま"……貴志駅の売店の小山商店の飼い猫で、和歌山電鐵発足後、貴志川線の招き猫として同駅の駅長に任命されました。駅長目当ての観光客が多く訪れています。報酬は年俸でキャットフード1年分です。

南海の廃止路線にはどんな路線があるの？

廃止路線には和歌山港線の一部（和歌山港〜水軒）、天王寺支線、路面電車の和歌山軌道線などがあります。しかし貴志川線のように南海の手を離れて存続した路線も存在します。

静態保存車両"ケロヨン"に往時をしのぶ

　和歌山軌道線は、1909（明治42）年に県庁前（後の市役所前）〜和歌浦間4.7kmが開通。内海（後の海南駅前）などへ路線網を延ばし、16.1kmに及ぶ規模を持っていましたが、**モータリゼーション**の発達や都市計画変更などのため、1971（昭和46）年3月に全線廃止されています。

　車両は、前頭部に前照灯（ヘッドライト）を2つ持つ独特なスタイルがカエルに似ていることから"ケロヨン"と呼ばれて親しまれていました。和歌山城近くの岡公園に"ケロヨン"電車321形が静態保存されています。

　この路面電車は経営主体が転々としたことも特筆できるかもしれません。和歌山電気軌道を皮切りに、和歌山水力電気〜京阪電気鉄道和歌山支店〜合同電気〜東邦電力〜和歌山電気軌道（阪和電鉄→南海鉄道→近畿日本鉄道の傍系）となり、1947（昭和22）年に近鉄から独立し再び和歌山電気軌道の社名で新しく発足しました。

　1957（昭和32）年には和歌山鉄道（現・和歌山電鐵貴志川線）を合併。1961（昭和36）年には南海電鉄に吸収合併され、南海電鉄和歌山軌道線になりました。

和歌山城の近くに眠る"ケロヨン"

下町の大通りを大胆に横断した天王寺支線や
1日わずか2往復という不思議路線などの魅力

ファンの心を掴んでいた個性あふれる路線たち

　路面電車以外の廃止路線には貴志川線と和歌山港線の末端区間、天王寺支線があります。

　このうち、貴志川線は2006（平成18）年4月に和歌山電鐵へと引き継がれました（60ページ）。

　天王寺支線は天下茶屋〜天王寺間2.4kmのミニ路線でしたが、南海と国鉄とを結ぶ重要な役割を持っていました。南海〜国鉄間を直通する貨物列車の渡り線的な任務を背負っていたのです。しかし、地下鉄やバス路線の発達などもあって旅客利用が減少、さらに貨物輸送からの撤退も加わり、天下茶屋〜今池町間が1984（昭和59）年に、残りが1993（平成5）年に廃止されています。現役時代は、大阪下町の繁華街の片隅に生きる都心のローカル線としても知られていました。

　ユニークだったのは、和歌山港線の末端区間にあたる和歌山港〜水軒間でしょう。日中の中途半端な時間帯に1日2往復だけが細々と走り、営業が続いていることすら不思議なミニ路線（2.6km）でした。もとは貨物輸送主体の路線で、取り残されるようにして旅客列車が行き交っていたのです。晩年にはレールファンからの注目も集めていましたが、2002（平成14）年5月に姿を消しています。

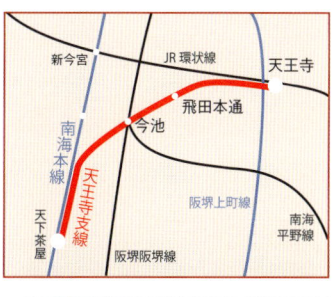

阿倍野の繁華街を行き来していた天王寺支線　写真提供：高橋 修

> **マメ蔵**　**モータリゼーション**……自動車が社会と大衆に広く普及することをいいます。日本では1960年代から始まり、地方ローカル線や路面電車などの公共交通機関が衰退し、「交通弱者」などの問題が出てきています。

2章　南海電気鉄道の路線のひみつ

南海ではかつて貨物輸送が盛んだったって本当？

南海電鉄は国鉄と同じ狭軌であることを活かした貨物輸送が盛んでした。凸型の特徴的な電気機関車を使い、高度経済成長を支えました。貨物廃止後、一部の機関車は三岐鉄道に譲渡され、今も活躍を続けています。

凸型電気機関車の重連も見られた　写真提供：高橋 修

同一軌間を武器に国鉄線との直通運転を展開

　南海電鉄は貨物輸送が盛んでしたが、これは関西の私鉄としては例外的存在でもありました。関西の私鉄の大半が1,435mmの標準軌を採用しているなか、南海電鉄は国鉄（現JR）と同じ1,067mmの狭軌です。そのため国鉄との直通運転が可能であり、南海としても貨物輸送を重視していたのです。

　南海電鉄の貨物輸送の歴史は古く、1886（明治19）年の創業期から始まっています。

　開業当時は蒸気機関車が牽引する混合列車でした。1911（明治44）年に難波〜和歌山市間が全線電化されると、旅客列車は電車になりましたが、貨物列車専用として蒸気機関車の運転も続けられていました。電気機関車が登場したのは1922（大正11）年。凸型の電気機関車が使用され"南海型"と呼ばれ親しまれていました。

大正時代の電気機関車や蒸気機関車も活躍
貨物輸送削減の流れが時代を歴史に閉じ込めて…

多彩な輸送品目と旺盛な需要に恵まれてきた

　昭和に入り、戦災による電気機関車の焼失などがあったものの、復興とともに鉄道貨物輸送は活況を取り戻します。昭和30年代の高度経済成長期には天王寺〜和歌山市間などに区間列車を含め20往復以上もの貨物列車が運行されました。南海本線での主要な貨物は東松江（加太線）の鉄鋼材、泉州地区の繊維製品、堺の農耕機具などの雑貨、季節物の泉州たまねぎでした。他にも米10万トン、木材10万トン、金属および鉱産品（製鉄原料など）20万トン、セメント12万トンなどの取り扱いがあり、1961（昭和36）年度の貨物取扱数量は130万トンを超えていました。高野線では紀ノ川の川砂利のほか、秋には柿やミカンなども輸送されていました。

　昭和40年代に入ると、貨物輸送の主役は船舶やトラックへ移り、鉄道貨物取扱量は減少していきます。1968（昭和43）年に国鉄和歌山操車場が開業すると、和歌山地区の貨物を国鉄へ連絡する経路が天王寺支線経由から和歌山操車場経由に変更され、大阪地区と和歌山地区を結ぶ貨物列車は姿を消しました。1977（昭和52）年に大阪地区での貨物輸送は廃止され、和歌山地区でも1984（昭和59）年にそのあとを追っています。これによりおよそ100年続いた南海電鉄の貨物輸送の歴史に終止符が打たれたのです。

上／南海のイメージカラーだった緑をまとった電気機関車と電車　写真提供：高橋 修
右／電動貨車も昔語りの存在となった
写真提供：高橋 弘

> **マメ蔵**　**混合列車**……客車と貨車を連結させて1本の列車にした運行形態です。主として列車の本数を増やすことが難しいローカル線などで採用されましたが、貨物列車の減少により現在見ることは難しくなっています。

3章

南海電気鉄道の駅と車両基地のひみつ

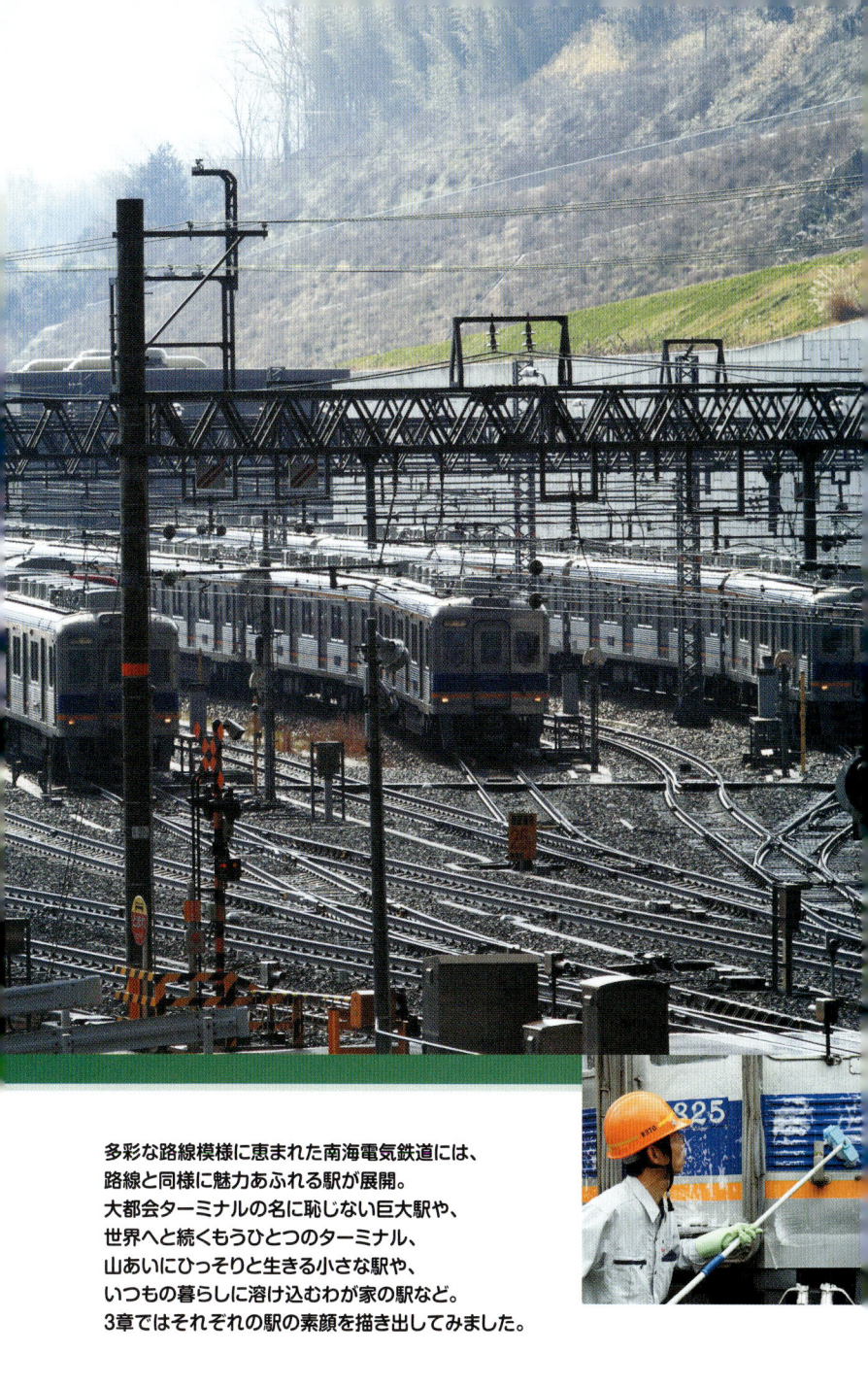

多彩な路線模様に恵まれた南海電気鉄道には、
路線と同様に魅力あふれる駅が展開。
大都会ターミナルの名に恥じない巨大駅や、
世界へと続くもうひとつのターミナル、
山あいにひっそりと生きる小さな駅や、
いつもの暮らしに溶け込むわが家の駅など。
3章ではそれぞれの駅の素顔を描き出してみました。

南海の駅にはどんな特徴があるの?

南海の全100駅に関西大手私鉄初の駅ナンバリングを2012(平成24)年に導入。明治・大正期に建築された洋館風駅舎も現役で、ターミナル駅からローカルな無人駅まで新旧混在しています。

関西大手私鉄初の全駅ナンバリング

　南海の駅の施策で特筆されることのひとつに全駅(100駅)への駅ナンバリングがあります。いまでは一般化されていますが、関西の大手私鉄としては初だったのです。また、南海ではこれまで「南海ツーリストサポートセンター」の設置や、タブレット端末「iPad」を使用した通訳案内サービス、日本語・英語・中国語・韓国語の4カ国語併記の駅名標など外国人観光客向けサービスを充実させてきました。

　駅ナンバリングとはローマ字とアラビア数字とを組み合わせた駅番号を付与すること。南海では「NANKAI」から2文字をとって「NK」とし、難波駅(NK01)から順番に番号を割り振りました。汐見橋(NK06-5)〜岸里玉出(NK06)間の高野線と高師浜線、多奈川線、加太線、和歌山港線は接続駅の番号と枝番号で表示されます。ラストナンバーは鋼索線高野山駅のNK87。JR宗谷本線の稚内駅(W80)を抜いて、日本全国の駅で最も大きい番号となりました。

関西空港駅を筆頭に外国人向け案内も充実

駅ナンバリングを南海全駅に導入
明治・大正時代の洋館風駅舎も現存

明治時代の建築が現存する浜寺公園駅。南海電鉄にはこうした鉄道遺産的物件が多い

ひとつの線路の両側に乗車用と降車用ホームを持つ構造は、難波をはじめいくつかの駅で見られる

洋館風の建築物など特徴のある駅舎

　南海の駅舎には洋館風の建築物が数多く存在します。浜寺公園駅は私鉄最古の駅舎として知られ、明治時代の木造の洋館風駅舎が現存しています。諏訪ノ森駅、高師浜駅、蛸地蔵駅の駅舎内はステンドグラスの装飾が美しく、淡輪駅も大正時代の洋館風駅舎です。このうち浜寺公園駅と諏訪ノ森駅は連続立体交差事業により高架駅となる予定ですが、国の登録有形文化財でもあり、新駅舎の近くに移築されることが決まっています。また、ヨットをモチーフとしたみさき公園駅、寺院建築の宝形造の屋根が特徴の高野山駅など「近畿の駅百選」に認定された南海の駅は9駅にのぼります。

　南海にはターミナル駅でも地下駅はなく、高架・橋上駅舎化されている駅が多く見受けられます。古いタイプの駅名標や構内踏切が残る駅もあり、都市部の駅とローカルな駅の格差が激しいのも現状です。駅の案内サインなどに積極的に**ピクトグラム**を使用し、南海本線は波しぶき、空港線は飛行機、高野線は高野杉の林をシンボルマークとしています。

> **マメ蔵** **ピクトグラム**……絵文字や絵単語などと呼ばれる視覚記号のひとつ。文字による表示の代わりに視覚的な図で表現することで内容の伝達を直観的に行うことができます。非常口のように国際標準になったピクトグラムもあります。

9面8線のホームを持つ 大阪ミナミの玄関口　難波駅

1日に24万人以上が利用する難波駅は9面8線のホームを有する巨大ターミナルです。1932(昭和7)年竣工の南海ビルは国の登録有形文化財に登録された大阪ミナミのシンボルでもあります。

難波駅は頭端式。複数階にコンコースを持ち、ラッシュ時の人の流れもスムーズだ

高架線から発着する唯一の南海難波駅

　大阪ミナミの中心地である難波には、立派な駅舎を構える南海の一大ターミナル・難波駅があります。大阪市営地下鉄の御堂筋・四つ橋・千日前の各線が乗り入れる難波駅とは同一駅名ですが、近畿日本鉄道(近鉄)と阪神電気鉄道(阪神)の大阪難波駅、JR西日本のJR難波駅と、表記の異なる難波駅も存在します。いずれも地下駅構造であるため、南海だけが堂々と高架線(複々線)から発着します。

　1885(明治18)年に開業した日本最古の私鉄駅ですが、現在は1932(昭和7)年に完成した4代目にあたる南海ビル(駅ビル)がミナミのシンボルとして存在感を放っています。髙島屋大阪店が入居するこの駅ビルは、建築家の久野節の設計によるコリント様式の近代建築であり、2011(平成23)年には国の登録有形文化財に登録されています。

大阪ミナミの中心地に近代建築の大駅舎を構える南海の大ターミナル

高頻度運転に対応した9面8線のホーム構造

　難波駅には9面8線の**頭端式ホーム**が3階にあり、1～4番のりばから極楽橋・和泉中央（大阪府都市開発泉北高速鉄道）方面の高野線、5～8番のりばから和歌山市・関西空港（空港線）方面の南海本線が発着しています。9番のりばは基本的に特急「ラピート」専用ホームです。全面的に乗降分離され、5番線は、南海本線と高野線をつなぐ番線です。1階の北口から難波駅のメインである3階の北改札口までは大階段で直通し、2階に中央改札口と南改札口が設けられています。2012（平成24）年度の1日平均乗降人員は24万6,475人と南海の駅では群を抜いてトップです。

　南海ビルが完成した当初は地上ホームでしたが、1938（昭和13）年には私鉄初の高架複々線となり、2階部分にホームが設けられます。ホームの形態はそのころから今日まで75年以上もほとんど変わることなく受け継がれています。1972（昭和47）年から周辺地域の再開発も含めた大規模な改築が行われ、1980（昭和55）年に新たな難波駅が竣工します。南海ビルは外壁タイルの補修や耐震補強などが施工され、2009（平成21）年にリニューアルが完成。ほぼ同時期に従来のロケット広場をなんばガレリアとして再整備しました。

　なお、難波駅の正式名称は漢字表記ですが、駅名標などでは「なんば」とひらがな表記が使われています。

駅開業年	1885年
1日平均乗降人員	24万6,475人
乗降人員別順位	1位
ホーム階	3階
ホーム構造	9面8線
駅所在地	大阪府大阪市中央区難波5-1-60

大型商業施設と同居する難波駅は、終日にわたり賑やか

「ラピート」は専用ホームに発着

マメ蔵　**頭端式ホーム**……行き止まり式のホームで、基本的には複数のホームが陸続きになっているのが特徴です。その形状から櫛形ホームとも呼ばれています。南海難波駅は阪急梅田駅に次ぐ規模を誇っています。

3章　南海電気鉄道の駅と車両基地のひみつ

通天閣や新世界への最寄り駅で JRの接続駅として賑わう 新今宮駅

JR線への乗り換え駅として機能し、難波駅に次いで利用者の多い新今宮駅には南海本線と高野線の全列車が停車。通天閣やジャンジャン横丁で知られる新世界への最寄り駅でもあります。

JR線との乗り換えに対応する全列車停車駅

　新世界と呼ばれる歓楽街への最寄りとなる新今宮駅は、南海の南海本線と高野線（線路名称上は南海本線）、JRの大阪環状線と関西本線（大和路線）が乗り入れています。大阪市の区境付近に駅があり、南海は西成区、JRは浪速区に所在しているのもユニークです。2012（平成24）年度の1日平均乗降人員は8万4,112人で南海では難波駅に次いで多く、JRの6万1,925人を大きく上回っています。

　新今宮駅は南海鉄道時代の難波〜浜寺公園間が電化された1907（明治40）年に開業した恵美須（現・今宮戎）〜萩ノ茶屋間に、1966（昭和41）年になって新設されました。これは1964（昭和39）年に開業していた国鉄新今宮駅との乗り換え駅として機能することで難波駅の混雑緩和を図ることを目的としていました。新今宮駅は新設当初から南海本線と高野線の全列車停車駅でした。

新今宮はJRとの接続駅。ひときわ利用者の多い駅である

南海本線と高野線の全列車が停車する新世界への最寄り駅

新世界は大阪屈指の繁華街

駅開業年	1966年
1日平均乗降人員	8万4,112人
乗降人員別順位	2位
ホーム階	4階
ホーム構造	3面4線
駅所在地	大阪府大阪市西成区萩之茶屋1-2-24

駅構内には古めかしい一面も…

南海本線と高野線の複々線高架駅

　相対式ホームの間に島式ホームを持つ3面4線の構造で、大阪環状線と関西本線をオーバークロスする高架駅です。線区別複々線区間であることから、東側の2線が高野線、西側の2線が南海本線に区分されています。1番線が極楽橋・和泉中央（泉北高速鉄道）方面の高野線下り、2番線が難波方面の高野線上り、3番線が和歌山市・関西空港（空港線）方面の南海本線下り、4番線が難波方面の南海本線上りです。隣駅である今宮戎と萩ノ茶屋は南海本線では通過扱いとされ、高野線の各駅停車のみ停車しています。そのため、各ホームでは停車の有無も表示されます。ホームは4階部分にあり、ホーム間の移動は3階の通路を使用し、改札口はJR線との乗り換えが可能な4階の東口と2階の西口が設けられています。

　駅の北東部には新世界のシンボルでもある高さ100mの通天閣がそびえ立ち、商店街の**ジャンジャン横丁**があります。現在の通天閣は1956（昭和31）年に再建された2代目です。初代は1912（明治45）年に建設されましたが、1943（昭和18）年に軍需用の鉄材として利用するため解体されました。一方、駅の南側は釜ヶ崎やあいりん地区と呼ばれる日雇い労働者が多数集結する地域です。

> **マメ蔵**　**ジャンジャン横丁**……通天閣付近を南北に貫く全長約180mの商店街のこと。戦後に呼び込みのための三味線や太鼓の音がジャンジャンと響いていたことが由来とされ、串カツ屋など大阪庶民に愛される店が軒を連ねています。

大阪下町の風情が残るレトロタウンの中心駅　天下茶屋駅

南海本線と高野線が分岐する岸里玉出のひとつ難波寄りにある天下茶屋は相互乗り換えが可能です。豊臣秀吉が茶会を楽しんだ地名に由来し、開業以来130年近くの歴史があります。

南海本線と高野線の実質的な乗り換え駅

　大阪市営地下鉄堺筋線が乗り入れる天下茶屋駅は、南海本線と高野線の全列車が停車します。駅舎は南海と大阪市営地下鉄の出入り口が向かい合っていて、乗り換えがしやすい構造になっています。1日平均乗降人員は増加傾向にあり、2012（平成24）年度は6万3,006人で、難波と新今宮に次いで3番目に利用者の多い駅です。

　新今宮駅と同じく、3面4線の島式ホームと相対式ホームを併せ持つ構造の高架駅で、1階にテナント店舗、2階に改札口、3階にホームがあります。1番線が極楽橋・和泉中央（泉北高速鉄道）方面の高野線下り、2番線が難波方面の高野線上り、3番線が和歌山市・関西空港（空港線）方面の南海本線下り、4番線が難波方面の南海本線上りです。優等列車を含めてすべての列車が停車します。南海本線と高野線とが分岐する岸里玉出駅には普通と各駅停車しか停車しないことから、天下茶屋が南海本線と高野線の実質的な相互乗り換え駅となっています。

天下茶屋は地下鉄堺筋線との接続駅

130年近くの歴史があり、南海で3番目に利用者の多い相互乗り換え駅

支線も存在した130年近くの歴史を誇る駅

　天下茶屋駅は南海の前身である阪堺鉄道が難波〜大和川（後に廃止）間を開業した1885（明治18）年に同時に設けられ、130年近くの歴史があります。駅名は地名に由来するもので豊臣秀吉がこの地で茶の湯を楽しんだことから「殿下茶屋」と呼ばれ、これが転じて駅名になったと伝えられています。実際に**阪堺電気軌道**の天神ノ森停留場（駅）の西側には天下茶屋跡があります。

駅開業年	1885年
1日平均乗降人員	6万3,006人
乗降人員別順位	3位
ホーム階	3階
ホーム構造	3面4線
駅所在地	大阪府大阪市西成区岸里1-1-9

　1900（明治33）年に天王寺支線が開通して起点駅となり、その後、天下茶屋工場も建設されましたが、1982（昭和57）年に廃止されました。天王寺支線も天下茶屋〜今池町間は1984（昭和59）年に廃止、大阪市営地下鉄堺筋線が全通した1993（平成5）年に役目を終えています。工場の跡地などは再開発が進み、ショッピングセンターやスポーツ施設が建設されました。駅周辺は近代的に変化を遂げていますが、天下茶屋駅前商店街などは下町の情緒が漂っています。さらに南海高野線（汐見橋線）の西天下茶屋の周辺まで足を延ばすと、昔ながらの街並みが広がり、昭和レトロが感じられる西天下茶屋商店街があります。NHK連続テレビ小説『ふたりっ子』の舞台で、記念碑も立っています。

天下茶屋駅には全列車が停車。南海本線と高野線の乗り換え駅としても機能する

庶民的な街並みが広がっている天下茶屋駅前

> **マメ蔵** **阪堺電気軌道**……南海グループの完全子会社で路面電車を運行しています。恵美須町〜浜寺駅前間の阪堺線、天王寺駅前〜住吉公園間の上町線の2路線があり、地元では「チン電」と呼ばれ親しまれています。

日本有数の古社・住吉大社への最寄り駅　住吉大社駅

住吉大社駅は日本有数の初詣参拝者数を誇る住吉大社への最寄り駅です。特に正月三が日は優等列車が臨時停車し、臨時のきっぷ売り場や改札が使用されるなどおおいに賑わいを見せます。

高架上にある南海の住吉大社駅。住吉大社までの短い参道は、昔ながらの商店街で賑わっている

初詣客で賑わう住吉大社への最寄り駅

　現存する日本最古の私鉄とされる南海の前身にあたるのが阪堺鉄道です。阪堺鉄道は1885（明治18）年に現在の南海本線の一部を開通させていますが、その際に住吉停車場が設けられ、その後の1912（明治45）年に住吉〜住ノ江間に住吉公園駅が開業します。長らく住吉公園を名乗っていましたが、玉出〜大和川（大和川橋梁）間の高架複々線化に伴って新駅舎が完成した1979（昭和54）年に住吉大社駅に改称されました。

　初詣の参拝者が多いことでも知られる住吉大社は駅の東側にあり、住吉三神と呼ばれる底筒男命、中筒男命、表筒男命と神功皇后を祭神とし、第一本宮から第四本宮までの本殿は国宝建造物に指定されています。西側には大阪府営の住吉公園があります。浜寺公園とともに1873（明治6）年に開設された大阪最古の公園として知られ、春になると園内のソメイヨシノが一斉に咲き誇ります。さらに住吉大社駅から南海本線の西側に沿って、粉浜駅まで続く約350ｍの粉浜商店街には庶民に愛される100軒以上のお店が並んでいます。

東側に住吉大社、西側に住吉公園のあるバリアフリーの高架駅

正月三が日のみ優等列車が臨時停車

　住吉大社駅のホームは島式2面4線構造で、1番線は和歌山市・関西空港（空港線）方面の緩行線下り、3番線は難波方面の緩行線上りに使用し、2番線と4番線は優等列車の通過専用となっています。普段は普通しか停まりませんが、住吉大社への参拝客輸送のため、2・4番線は正月三が日の日中のみ区間急行、急行、空港急行の臨時停車用として使用されます。過去には「サザン」が停車した実績があります。

　3階構造の高架駅で3階がホーム、2階が改札口、1階にショップ南海があります。正月三が日にしか使用しない切符売り場や改札、階段があるのはこの駅の特徴のひとつといえるでしょう。2008（平成20）年にエレベーター設置などのバリアフリー工事が完了し、波形手すりの**クネット**が関西の鉄道駅で初めて採用されました。

　1階の東隣には阪堺電気軌道の住吉公園停留場があります。2面2線のホームが用意され、通常は1番線を使用しますが、2番線はラッシュ時と正月三が日の増発対応となっています。

駅開業年	1885年
1日平均乗降人員	8,664人
乗降人員別順位	32位
ホーム階	3階
ホーム構造	2面4線
駅所在地	大阪府大阪市住吉区長峡町3-14

上／阪堺電鉄の住吉公園停留場は朝のラッシュ時のみに電車が乗り入れる
右／住吉大社は1800年を超える歴史を持つ古社。本殿をはじめ重要文化財指定の建築が荘厳な姿を見せている。写真手前は住吉鳥居前電停を出発する阪堺電鉄600形

マメ蔵　クネット……階段の昇降時に膝や腰への負担を軽減させる波形手すりのこと。直線形の手すりとは異なり、握りやすく滑りにくい設計が特徴。鉄道駅のみならず全国各地のさまざまな施設に設置されています（写真85ページ）。

堺市の交通の要衝、緩急接続が行われる　堺駅

優等列車と普通の緩急接続が行われる堺駅は吾妻橋停車場として1888（明治21）年に開業。移転を繰り返し、衰退していた時期もありましたが、現在は駅周辺も整備されて活気を取り戻しています。

移転を続けた堺市の玄関口

　現在の南海本線は、阪堺鉄道によって1888（明治21）年に吾妻橋までが開業されました。同時に、吾妻橋停車場（現・堺駅）が堺市で最初の駅として開業。1912（明治45）年に阪堺電気軌道の宿院停留場が開業し、続けて大浜公園へ向かう大浜支線が開通します。南海本線と大浜支線の接続駅として龍神駅が設けられ、龍神が中心駅に位置づけられました。大浜公園は行楽地として賑わい、軌道線は公園内まで乗り入れていました。当時は水族館や歌劇場を中心とした娯楽施設が立ち並んでいたようですが、現在では往時の面影は残っていません。

　1955（昭和30）年に龍神駅と堺駅とを統合した堺駅が旧龍神駅の北側で新たなスタートを切りました。当時、大浜支線は運休（戦後に運行を再開するものの再び休止）しており、後に廃止されました。1985（昭和60）年の南海本線高架化によって現在地に再び移転されています。1997（平成9）年に地下1階・地上7階建ての駅ビルが竣工。1・2階を駅施設に使用し、3階部分に高架ホームがあります。

堺も長い歴史を持つ駅のひとつ。地域の拠点駅として他交通機関との連携もはかられている

複合商業施設やバスターミナルも整備、緩急接続を行う堺市の交通の要衝

駅開業年	1888年
1日平均乗降人員	3万3,413人
乗降人員別順位	8位
ホーム階	3階
ホーム構造	2面4線
駅所在地	大阪府堺市堺区戎島町3-22

上／駅ビル内には観光案内所も
右／緩急列車の乗り継ぎ駅としても機能

緩急接続を行う優等列車停車駅

　堺駅は特急「ラピートα」以外の全種別が停車し、優等列車と普通列車との緩急接続が行われていることが特徴です。堺を発車後の普通はラッシュの時間帯を除いて下りが泉大津まで、上りは難波まで途中駅での退避を行わずに先着。2面4線の島式ホーム構造で1・2番線は和歌山市・関西空港（空港線）方面の下り、3・4番線は難波方面の上りですが、2・4番線が本線、1・3番線が待避線に使用されています。

　2012（平成24）年度の1日平均乗降人員は3万3,413人で南海では第8位、南海本線では第4位、高野線と並走しない区間では最多です。かつては堺市の代表駅とされましたが、実質的には高野線の堺東が代表駅となっています。

　駅周辺では複合商業施設「プラットプラット」が2000（平成12）年に開業し、連絡通路で駅と直結しています。巨大モニュメント「**フェニックスアーチ**」が出迎えてくれる東口には高速バスも発着するバスターミナルが整備されています。

> **マメ蔵　フェニックスアーチ**……高さ18mの赤いモニュメントで堺市の象徴である不死鳥をモチーフにメキシコの彫刻家であるセバスティアンによって1994（平成6）年に制作されました。駅の南側にはフェニックス通りがあります。

辰野金吾設計の木造駅舎が現存する 浜寺公園駅

明治の大建築家・辰野金吾が設計した木造駅舎で知られる浜寺公園駅。100年以上が経過した現在でも現役ですが、2018年に高架化されると新駅舎前に移築され、保存活用されることが予定されています。

名建築として知られる駅舎も、現役引退の日が近づいている

私鉄最古の現存する洋風木造駅舎

　浜寺は、かつて「東洋一の海水浴場」と呼ばれるほどの賑わいを見せた海浜リゾート地でした。砂浜と松林が続く美しい景観でしたが、昭和30年代以降に埋め立てられ、工業地帯に様変わりしてしまいました。

　浜寺公園駅は1897（明治30）年に浜寺駅として開業します。浜寺海水浴場オープン後の1907（明治40）年に駅舎を建て替え、現駅名に改称しました。駅舎は明治の大建築家・辰野金吾が設立した辰野・片岡建築事務所の設計。木造平屋建ての美しい洋館風駅舎は海浜リゾート地の玄関口、また高級住宅地の玄関口として、100年以上も浜寺の変遷と歴史を見守ってきたことになります。

　柱や梁をそのまま外部に現したハーフティンバー様式が用いられ、サロンとしての役割も持たせるため、高級感のある一等待合室も用意されました。1988（昭和63）年にはこの一等待合室を「浜寺公園ステーションギャラリー」にリニューアル。1998（平成10）年に諏訪ノ森駅とともに大手私鉄では初となる国の登録有形文化財に登録されました。2018年に高架駅となる予定ですが、新駅舎の前に現在の木造駅舎が移築され、保存活用されることになっています。

辰野金吾が設計した
ハーフティンバー様式の洋館風駅舎が健在

切り欠き式ホームのある変則的な構造

　ホームの構造は2面4線ですが、4番線ホームが切り欠き式で以前は折り返し列車も設定されていました。1・2番線は島式ホームで和歌山市・関西空港（空港線）方面の下り、3・4番線は難波方面の上りですが、1・4番線が退避線に使用されています。普通と平日朝のラッシュ時に設定されている準急の停車駅です。ホーム上屋には古レールを再利用し、下りと上りのホームは地下道で連絡。駅舎は西側にありますが、東側にも改札口があり、下りホームと**構内踏切**でつながっています。

　最寄りとなる浜寺公園は1873（明治6）年に開園した大阪最古の公園のひとつ。園内にはジャイアントスライダーのあるプール、交通遊園などがあり、「名松100選」にも選ばれた松林が有名です。

駅開業年	1897年
1日平均乗降人員	4,207人
乗降人員別順位	55位
ホーム階	1階
ホーム構造	2面4線
駅所在地	大阪府堺市西区浜寺公園町2-188

かつての一等待合室をギャラリーとして貸出（有料）している

駅名にもなった浜寺公園には、古い鉄道車両などがある交通遊園も

> **マメ蔵**　**構内踏切**……駅構内でホームと駅舎（改札口）とを結ぶ踏切などをこう呼びます。渡り板のみのもののほか、遮断機のあるものもあります。近年は高架化や駅舎の橋上化などによりその数を減らしています。

3章　南海電気鉄道の駅と車両基地のひみつ

観光地・浜寺公園へのアクセス駅として開業　羽衣駅

浜寺三名松のひとつ「羽衣の松」に由来する羽衣は南海本線の急行停車駅ですが、高師浜線の起点駅でもあります。JR阪和線の東羽衣駅と徒歩連絡し、駅周辺には商店街や高級住宅街が広がっています。

駅名は浜寺三名松の「羽衣の松」に由来

　海水浴客で賑わった高師浜まで延びる高師浜線は羽衣駅から分岐しています。羽衣は大阪府高石市の駅で、2012（平成24）年度の1日平均乗降人員は1万9,629人と南海で第15位です。特急列車は通過しますが、急行、空港急行、区間急行、準急（上りのみ設定）、普通が停車します。駅名の羽衣は「白蛇の松」、「千両松」と並んで浜寺三名松と呼ばれる「羽衣の松」に由来します。JR阪和線（羽衣線）の東羽衣駅との徒歩連絡が可能です。

　南海本線の堺駅以南は、1897（明治30）年に佐野（現・泉佐野）駅まで延伸開業しています。1901（明治34）年に現在の高石駅である葛葉駅（くずのは）が新設され、1912（明治45）年に羽衣駅が開業。高師浜線の羽衣～伽羅橋間の開通は1918（大正7）年、JRの東羽衣駅の前身である阪和羽衣駅は1929（昭和4）年の開業です。羽衣駅の開業後、今在家村（いまざいけ）から羽衣へと地名も変更されています。

羽衣付近では高架化工事が進行中

高師浜線が分岐し、JR東羽衣駅とも徒歩連絡が可能な急行停車駅

橋上駅舎のある地上駅から高架駅へ

2面3線のホームがある地上駅ですが、羽衣～高石付近の**連続立体交差事業**が実施されると高架駅になります。仮線や仮駅舎に移設し、2019年度の事業完成を予定しています。

現在は橋上駅舎でJR東羽衣駅との乗り換え口である東口と浜寺公園に近い西口があります。1番線は単式ホームで南海本線下りの和歌山市・関西空港（空港線）方面、2番線は南海本線上りの難波方面、3番線は高師浜線が発着します。2番線ホームの和歌山市寄りを切り欠いた部分に行き止まり式の3番線ホームが設けられています。

周辺には高石市最大の店舗数を誇る羽衣商栄会などの商店街があり、毎年8月に開催される羽衣七夕まつりでは多くの人出で賑わいます。浜寺付近から続く高級住宅地があることでも知られ、海浜別荘地だったころの大規模な邸宅が点在します。この光景は高師浜線沿線でも見られ、モダンな洋風屋敷も立ち並んでいます。かつては海浜リゾート地であったことを思わせる大規模な旅館も数軒営業していましたが、すべて廃業となり、スーパーやマンションに様変わりしてしまいました。

駅開業年	1912年
1日平均乗降人員	1万9,629人
乗降人員別順位	15位
ホーム階	1階
ホーム構造	2面3線
駅所在地	大阪府高石市羽衣1-15-16

高師浜線は切り欠き式ホームから出発

マメ蔵　連続立体交差事業……鉄道と道路を立体交差させ、踏切を解消する事業のこと。大阪府が事業主体となる「南海本線・高師浜線（高石市）連続立体交差事業」は羽衣～高石付近の南海本線約3.1km、高師浜線約1kmの区間が該当します。

繊維産業で発展した泉大津市の玄関口　泉大津駅

泉大津駅は毛布やニットなどの繊維産業によって発展した泉大津市の中心駅。緩急接続を行う高架駅で太陽光発電や雨水利用システムなど環境に配慮した取り組みも実施しています。

新たな試みも進む泉大津駅。駅舎の一角には地場産業である繊維製品などの展示コーナーも

ほぼ終日緩急接続を行う高架駅

　毛布やニットといった繊維産業で栄えた泉大津市。現在も国内産毛布では9割以上のシェアを占め、「毛布のまち」をPRしています。その中心駅である泉大津駅は、南海本線が堺〜佐野（現・泉佐野）間を延伸開業した1897（明治30）年に大津駅として開業。市制が施行された1942（昭和17）年に現駅名に改称されました。かつては特急も停車していましたが、1968（昭和43）年以降は急行と空港急行、区間急行、準急（上りのみ設定）、普通が停車しています。

　2012（平成24）年に高架化が完了し、待避設備のある島式2面4線ホームの高架駅になりました。発車時刻と両数などがフルカラーLEDで表示される**発車標**も設置されています。1・2番線が和歌山市・関西空港（空港線）方面の下り、3・4番線が難波方面の上りですが、2・3番線が本線、1・4番線が待避線です。堺駅や泉佐野駅とともにほぼ終日にわたって緩急接続が行われ、普通でも泉大津駅を出発した上りは堺駅まで、下りは泉佐野駅まで先着します（一部、途中で待避あり）。折り返し列車用に下り線から上り線への渡り線もありますが、現在は使用されていないようです。

繊維産業で繁栄した泉大津市の代表駅
環境に配慮した駅づくりにも取り組む

太陽光や雨水を利用して環境に配慮

　泉大津駅では、2011（平成23）年に泉佐野駅に続いて2例目となる太陽光発電システムを導入。年間約7万1,000kWhの発電量が見込まれ、駅施設の電力に活用されています。ほかにも、雨水利用システムや自己発電機能付き節水型自動水栓、節水型トイレを設置するなど、環境に配慮した駅づくりに取り組んでいます。2012（平成24）年度の1日平均乗降人員は2万5,605人で南海で第10位と、泉大津駅以南の特急停車駅を上回る乗降人員を誇っています。

　泉大津駅は泉大津港と福岡県北九州市の新門司港を結ぶ阪九フェリーの玄関口でもあり、泉大津港までは連絡バス（無料）が運行されています。また、駅の東側には複合都市施設「アルザ泉大津」内にショッピングセンターの「いずみおおつCITY」が1994（平成6）年にオープン。また、繊維をテーマとした織編館もあり、毛布の歴史や技術に触れることができます。

駅開業年	1897年
1日平均乗降人員	2万5,605人
乗降人員別順位	10位
ホーム階	3階
ホーム構造	2面4線
駅所在地	大阪府泉大津市旭町19-1

上／ホーム屋根に設置された太陽光発電パネル。環境にやさしい駅としての取り組みの一環
右／構内階段の手すりにはクネットを採用（ほかに住吉大社駅などにも）。環境とともに人にもやさしい駅を目指す

マメ蔵　発車標……ホームにある発車時刻や行先、列車種別などの情報を表示する案内表示装置のこと。南海では従来の表示板が回転する反転フラップ式から現在の主流であるフルカラーLED式に変更されつつあるようです。

泉南地方の拠点都市・岸和田市の代表駅　岸和田駅

300年以上の歴史と伝統を誇る「岸和田だんじり祭」で全国的に知られる岸和田市の代表駅となる岸和田駅。現在は駅舎内や屋上に駐車場が整備された3代目となる高架駅です。

「岸和田だんじり祭」で有名な岸和田市の中心駅

　泉南地域を代表する岸和田市は岸和田藩の城下町。「岸和田だんじり祭」は全国的にも有名です。300年以上の歴史と伝統を誇り、9月の祭礼時には商店街のアーケードを何台ものだんじりが駆け抜けていきます。その中心駅となるのが岸和田駅です。

　岸和田には特急「ラピートα」以外の全種別の列車が停車し、2012（平成24）年度の1日平均乗降人員は2万3,038人で南海では泉大津駅に次いで第11位、南海本線では第6位を誇っています。退避設備を備えた2面4線の島式ホームがあり、1・2番線が和歌山市・関西空港（空港線）方面の下り、3・4番線が難波方面の上りです。2・3番線が本線、1・4番線が待避線となっています。現在の駅舎は3代目で1階に改札口、2階にホームがある近代的な高架駅構造ですが、昭和期に建設された先代の2代目駅舎は半円形のステンドグラスが特徴的な洋風駅舎でした。現在の駅舎にも2代目を引き継いだ意匠が施されています。

上階に駐車場が設けられた、珍しいスタイルを持つ岸和田駅

駅舎内や屋上に駐車場を整備
泉南地方を代表する岸和田市の中心駅

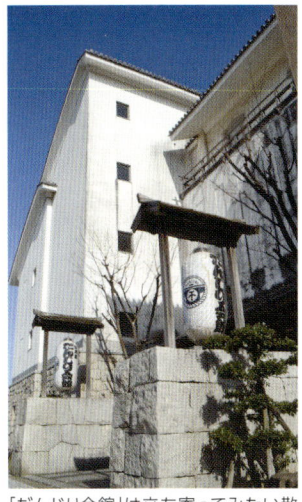

駅開業年	1897年
1日平均乗降人員	2万3,038人
乗降人員別順位	11位
ホーム階	2階
ホーム構造	2面4線
駅所在地	大阪府岸和田市宮本町1-10

「だんじり会館」は立ち寄ってみたい散策ポイント

西口駅前からは庶民的な岸和田駅前商店街が「岸和田カンカンベイサイドモール」まで続く

高架駅の屋上に都市計画駐車場を整備

　岸和田駅の開業は堺〜佐野（現・泉佐野）間の延伸時である1897（明治30）年のこと。1929（昭和4）年に初代駅舎から2代目に替わり、1989（平成元）年まで使用されます。駅の高架化（南海本線岸和田駅付近連続立体交差事業）を1987（昭和62）年に着工。駅の上に駐車場を建設する全国でも数少ない駅部一体整備型連続立体交差事業として進められ、1992（平成4）年に上り線、1994（平成6）年に下り線の高架化が完成しました。駅舎の3・4階と屋上は**都市計画駐車場**となり、駐車場各階と改札口のある1階はエレベーターで結ばれています。

　駅の東口には路線・高速バス乗り場があり、西口は「岸和田カンカンベイサイドモール」まで商店街などが続きます。江戸時代に岸和田藩の藩庁が置かれた岸和田城、だんじり祭が体験できる岸和田だんじり会館へは岸和田以外に蛸地蔵駅からも徒歩でアクセスできます。

> **マメ蔵　都市計画駐車場**……都市計画法に定められた都市施設のひとつで、都市計画区域内において整備する道路の路面以外に設置される駐車場のこと。岸和田駅では駅舎内に約600台収容可能な立体駐車場が建設されました。

水間鉄道が分岐し、駅周辺に社寺が点在する　貝塚駅

水間寺への参詣鉄道として開業した水間鉄道と接続する貝塚駅は貝塚市の代表駅であり、駅周辺には感田神社や貝塚御坊・願泉寺をはじめ、多くの社寺が点在しています。

水間鉄道が接続する貝塚市の代表駅

　貝塚駅は泉南地方を形成する都市のひとつ・貝塚市の中心駅。厄除け観音で知られる水間寺の最寄り駅である水間観音までを結ぶ**水間鉄道**が接続しています。南海と水間鉄道との結びつきは強く、かつては貨物列車用の留置線、南海本線と水間鉄道（水間線）との連絡線が敷設されていました。

　貝塚駅には急行と空港急行、区間急行、準急（上りのみ）、普通が停車。2012(平成24)年度の1日平均乗降人員は2万207人で南海では第14位、南海本線では第8位となっています。2面4線の島式ホームがあり、待避設備が設けられています。また、和歌山市駅寄りに渡り線があります。この渡り線は定期列車では使用することはありませんが、回送列車や臨時列車の折り返し用となっているようです。地上駅であることから橋上駅舎を使用し、2009（平成21）年にエレベーターが設置され、発車標は反転フラップ式からフルカラーLED式へ変更されています。

ホームからは水間鉄道の線路が見える

水間観音へ向けて水間鉄道が分岐し、駅周辺には貝塚にちなむ社寺が点在

古い街並みが残る駅周辺には古蹟が点在

　1897（明治30）年の堺〜佐野（現・泉佐野）間の延伸開業時に設置された貝塚駅ですが、駅名にもなっている地名の「貝塚」は「海塚」の表記を使用していたともいわれています。水間鉄道にはかつて貝塚駅の水間観音寄り200mほどの場所に海塚駅（うみづか）がありましたが、これは現在の貝塚駅所在地の字名（あざめい）である海塚に由来するものと思われます。

　駅の東口は水間鉄道への乗り換え口や水間鉄道バスのターミナルがあり、西口からは貝塚中央商店街が続いています。駅周辺には社寺が多く点在するのも特徴で、西口から北へ3分ほど歩くと感田神社（貝塚宮）があり、毎年7月に太鼓台祭りが開催されることで知られています。そこから少し北西に進むと、地元では「ぼっかんさん」と呼ばれる貝塚御坊・願泉寺があり、本堂、表門などの建造物は国の重要文化財に指定されています。

貝塚で接続する水間鉄道はローカル味あふれる小路線。終点にある水間観音への寄り道もおすすめ

駅開業年	1897年
1日平均乗降人員	2万207人
乗降人員別順位	14位
ホーム階	1階
ホーム構造	2面4線
駅所在地	大阪府貝塚市海塚250-2

駅周辺には古い家並みも。駅構内には散策マップも掲出されている

マメ蔵　水間鉄道……貝塚〜水間観音間5.5kmの水間線を運行する鉄道会社。水間寺への参詣鉄道として1925（大正14）年に開業しました。沿線の宅地開発も進んだ現在はおもに通勤・通学路線として利用されています。

地下駅から高架駅へ変貌した空港輸送の拠点駅　泉佐野駅

泉佐野駅は地下構造に改造された後、南海本線以外に空港線が分岐する3面4線の高架駅へ生まれ変わりました。パワースポットの犬鳴山への玄関口としても知られています。

関西国際空港への乗り継ぎ駅として機能する泉佐野駅

南海唯一の地下駅舎へ改造

　泉佐野市は岸和田市に次ぐ人口を擁する泉南地方第二の都市です。代表駅である泉佐野駅は1897（明治30）年に堺から延伸された南海本線の佐野駅として開業。市制が施行されて泉佐野市が誕生した1948（昭和23）年に現駅名に改称しました。1965（昭和40）年に2面4線の島式ホームを持つ地下駅に改造され、南海では唯一の地下駅舎も設けられました。

　1994（平成6）年に関西国際空港の開港によって空港線が開業、泉佐野駅は空港線の起点駅となります。同時に空港特急として、50000系「ラピート」が運転を開始しています。特急停車駅から急行停車駅に降格した時期もありましたが、現在は「ラピートα」と「ラピートβ」を含む全種別が停車し、2012（平成24）年度の1日平均乗降人員は2万1,982人で南海では第13位、南海本線では第7位となっています。

南海本線と空港線が乗り入れ、緩急接続を行う3面4線の高架駅

生まれ変わった3面4線の便利な高架駅

　2002（平成14）年に上り線ホーム、2005（平成17）年に下り線ホームが高架化され、高架駅が誕生しました。2008（平成20）年に駅前広場や東西連絡自由通路の整備が完了、エレベーターや車いす用スロープなどバリアフリーも徹底され、すべての設備が完成しました。

　ホームは3面4線の島式で、南海本線と空港線は方向別にホームを共用しています。1～3番のりばが和歌山市・関西空港（空港線）方面の下り、4～6番のりばが難波方面の上りに割り当てられています。堺駅や泉大津駅とともに緩急接続が行われ、ラッシュ時を除きほとんどの普通上り列車は泉大津駅まで、下り列車は和歌山市駅まで先着するダイヤが組まれています。

　駅ビル内にはショップ南海をはじめ多数のテナントが入居し、東口にバスターミナル、西口からは商店街が続いています。泉佐野駅は美しい渓谷で知られる犬鳴山への玄関口であり、駅前からバスで30分ほどの距離。犬鳴山不動尊と称される七宝瀧寺や犬鳴山温泉などが有名です。

両側扉を開けてホームの乗り換えの利便性を高めている

右が乗り継ぎ専用ホーム

駅開業年	1897年
1日平均乗降人員	2万1,982人
乗降人員別順位	13位
ホーム階	3階
ホーム構造	3面4線
駅所在地	大阪府泉佐野市上町3-11-41

> **マメ蔵**　犬鳴山……犬鳴川渓谷を中心に豊かな自然が広がる山域全体の総称。古くから修験道の霊場とされ、最近ではパワースポットとしても注目されています。南海では「犬鳴山温泉＆ハイキングきっぷ」も発売中です。

阪南市を代表する南海本線の特急停車駅　尾崎駅

明治～昭和初期に存在した旧村名に由来する尾崎駅は阪南市の代表駅で、2001（平成13）年に特急停車駅に昇格しました。豪快な宮入りで知られる波太神社へは駅前から路線バスが便利です。

駅名は開業当時の尾崎村に由来

　阪南市の中心駅である尾崎駅は、南海本線の佐野（現・泉佐野）駅から尾崎駅まで延伸開業した1897（明治30）年に新設されました。駅名の「尾崎」とは阪南市と泉南市の市境を流れる男里川の左岸に位置することを意味する"男里の崎"に由来しています。

　待避設備のある2面4線の島式ホームがありますが、緩急接続は一部の時間帯を除いてあまり行われていません。1973（昭和48）年に橋上駅舎が完成し、1階がホーム、2階が改札口の構造となっています。1・2番線が和歌山市方面の下り、3・4番線が難波・関西空港（空港線）方面の上りです。そのうち2・3番線が本線、1・4番線が待避線に割り当てられ、さらに難波寄りに渡り線があります。この渡り線は異常時の折り返しとして使用されることがあります。

特急「サザン」も停車する尾崎駅

駅名は旧村名に由来し、
特急「サザン」も停車する阪南市の代表駅

駅開業年	1897年
1日平均乗降人員	1万1,176人
乗降人員別順位	25位
ホーム階	1階
ホーム構造	2面4線
駅所在地	大阪府阪南市尾崎町95-1

駅構内にある「知っておき大学」は、地元産品や見どころなどの紹介スペース

海岸寄りの家並みに威厳を覗かせる本願寺尾崎別院

阪南市内中心部に位置する特急停車駅

　かつては特急通過駅でしたが、利用者が増加傾向にあった2001（平成13）年に特急「サザン」の停車駅に昇格しました。2012（平成24）年度の1日平均乗降人員は1万1,176人で、南海で25位となっています。南海本線では普通のみ停車する住ノ江駅、準急停車駅である石津川駅と北助松駅、空港急行以下が停車する春木駅よりも利用者が少ない特急停車駅です。

　改札階（2階）までは東口からエスカレーター、西口からエレベーターが利用できます。駅の規模は大きくありませんが、市街地や阪南市役所の最寄り駅とされ、東口には南海ウイングバス南部（路線バス）と阪南市コミュニティバスの乗り場が設けられています。

　本殿が国の重要文化財に指定されている波太神社へは、駅前から路線バスで10分ほど。阪南市内各地区のやぐらが集まり、豪快に石段を駆け上がる宮入りが秋祭りのハイライトとして知られています。

> **マメ蔵** **阪南市**……大阪湾と緑豊かな和泉山系に恵まれた大阪府最南端の市。大阪府で最も新しい1991（平成3）年に市制が施行されました。南海本線は尾崎のほか、鳥取ノ荘、箱作の3駅が阪南市内に位置しています。

ヨットをモチーフにした斬新な駅舎が立つ　みさき公園駅

みさき公園駅は南海沿線を代表する行楽スポット「みさき公園」への玄関口にふさわしく、ヨットのような外観の駅舎が特徴です。南海本線の特急停車駅でもあり、多奈川線も分岐しています。

ヨットをモチーフにしたみさき公園駅駅舎

ヨットをデザインした開放感のある駅舎

　大阪ゴルフクラブへのアクセス駅として、1938（昭和13）年に南淡輪駅が開業しました。1944（昭和19）年に多奈川線の開業に合わせて現在位置に移転。1957（昭和32）年にみさき公園駅に改称されています。これは南海の創業70周年記念事業として「みさき公園」が駅北側に開園したことにちなむものです。2002（平成14）年の第3回「近畿の駅百選」で認定駅に選ばれました。

　みさき公園は**南海グループ**によって運営され、遊園地をはじめ動物園、プールに加え、イルカショーなどが楽しめる南海沿線を代表する行楽地となりました。1990（平成2）年にはみさき公園の玄関口にふさわしいヨットをイメージした斬新なデザインに加え、熱線反射ガラスの採用によって開放感のある駅舎にリニューアルされました。

ヨットのような駅舎が印象的な南海本線と多奈川線が乗り入れる特急停車駅

多奈川線も分岐する南海本線の折り返し駅

　南海本線の折り返し駅と多奈川線の起点駅を兼ね備える2面5線の島式ホーム構造です。1番線は和歌山市方面の下り（待避線）と折り返しの難波・関西空港（空港線）方面の上り、2番線は下り本線、3番線は上り本線、4・5番線は多奈川方面の多奈川線が使用します。1番線の難波寄りからは保線基地へ向かう線路が延び、南海本線上下線や多奈川線をつなぐ渡り線も設けられています。4番線は3・5番線の島式ホームを切り欠いた部分にあり、1日1本しか使用していません。各ホームへは地下通路でつながり、エスカレーターを併設。改札口はみさき公園出口と東口の2カ所に用意されています。

　2012（平成24）年度の1日平均乗降人員は5,590人で南海では第47位、南海本線では第26位と多くはありませんが、みさき公園への最寄り駅であることから、1994（平成6）年に特急停車駅に昇格しています。多奈川線は折り返し運転を行うワンマン列車のみの運行ですが、かつては難波駅から多奈川線に直通する急行「淡路号」が運転されていました。

　駅周辺では北東方向に国の史跡にも指定されている前方後円墳の西陵古墳、さらにひとつ難波寄りの淡輪駅南側にも宮内庁が管理する宇度墓古墳があります。

右／みさき公園で多奈川線が接続
左／みさき公園で人気のイルカショー

駅開業年	1938年
1日平均乗降人員	5,590人
乗降人員別順位	47位
ホーム階	1階
ホーム構造	2面5線
駅所在地	大阪府泉南郡岬町淡輪3714

> **マメ蔵　南海グループ**……南海電気鉄道を中心として、さまざまな事業を行う企業グループのこと。「みさき公園」は経営主体の南海から営業管理を南海アミューズメント、施設管理を南海ビルサービスに委託しています。

JR線とも接続する南海本線のターミナル　和歌山市駅

南海本線の終着駅であり、和歌山線線の起点、加太線にJR紀勢本線まで乗り入れる和歌山市駅。日本最古の"市駅"を名乗り、3代目駅舎となる駅ビルのターミナルから発着しています。

JR列車は駅本屋寄りにある専用ホームに発着。乗り継ぎ用の自動改札機が設置されている

ターミナル駅らしい雰囲気が漂う和歌山市駅。改札はJRと共用

南海とJR線が乗り入れるターミナル駅

　紀ノ川橋梁が架けられた1903（明治36）年に開業した和歌山市駅は、南海本線の終着駅。和歌山港線が分岐しているほか、加太線（起点は紀ノ川）の列車も発着しています。一部の列車は和歌山港線に直通しますが、大半は難波方面への折り返し列車となり、ターミナル駅としての役割を果たしています。JRの和歌山駅と区別するため、地元では"市駅"と呼ばれています。全国にある"市駅"の中で最も古くから和歌山市駅を名乗り、開業以来一度も改称していません。和歌山市駅は起点とする南海本線と和歌山港線以外に、加太線とJR紀勢本線も乗り入れています。

　初代駅舎が1945（昭和20）年の空襲で焼失し、1955（昭和30）年からは2代目駅舎での営業を開始。1973（昭和48）年に3代目となる南海和歌山ビルが完成します。駅ビルは地上7階・地下1階建てで飲食店などを備えていますが、開業以来入居していた髙島屋和歌山店が2014（平成26）年8月に閉店することが決まっています。

南海3路線とJR線が同居するターミナルは日本最古の"市駅"

減少傾向が続く"市駅"と新駅への期待

島式ホームと頭端式3面6線ホームを持つ南海とJRの共同使用駅ですが、南海の管理駅となっています。1番線が廃止され、7番線も使用停止中のため、実際には2～6番線を使用します。2番線が和歌山方面へのJR紀勢本線、3番線が加太方面への加太線、4・5番線が

駅開業年	1903年
1日平均乗降人員	1万7,262人
乗降人員別順位	18位
ホーム階	1階
ホーム構造	3面6線
駅所在地	和歌山県和歌山市東蔵前丁3-6

難波・関西空港（空港線）方面への南海本線と和歌山港方面への和歌山港線、6番線が南海本線（一部列車）です。また、かつては南海本線から紀勢本線に乗り入れる**急行「きのくに」**が運転されていました。その名残の渡り線が現在も残っています。駅ビルからは跨線橋で各ホームへとつながっています。

2012（平成24）年度の1日平均乗降人員は1万7,262人と1990（平成2）年度の3万4,172人の半分近くまで落ち込んでいます。利用客の減少に歯止めがかからない状況で、2001（平成13）年から列車本数の削減を実施。また、和歌山港線の末端区間や途中駅が廃止されました。一方で、2012（平成24）年4月、南海本線の孝子～紀ノ川間に和歌山大学前駅が開業しています。ニュータウン「ふじと台」の最寄り駅でもあり、今後の発展が期待されています。

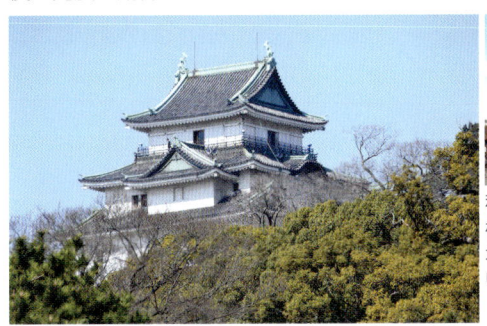

和歌山市の玄関に相応しい規模を持つ和歌山市駅だが、商業地はJR和歌山駅寄りに移っている

> **マメ蔵** 　**急行「きのくに」**……天王寺・難波～白浜・新宮間を阪和線あるいは南海本線と紀勢本線経由で運行されていた急行列車。南海ではキハ5501・5551形を使用し、南海本線と紀勢本線で1985（昭和60）年3月のダイヤ改正まで活躍しました。

昭和レトロの雰囲気が色濃く残る高野線の起点駅　汐見橋駅

大阪ミナミからも近い汐見橋駅は開業当時は道頓堀駅を名乗り、高野線のターミナルとして直通列車も多数運転されていました。駅舎内は昭和レトロに満ちあふれた独特な雰囲気が漂っています。

大都会にたたずむレトロな高野線の起点駅

　大阪南部の繁華街・ミナミから西へ1kmほどの場所に汐見橋駅があります。

　開業は1900（明治33）年。当初は道頓堀駅を名乗っていました。高野線の前身にあたる高野鉄道によって大小路（おおしょうじ）（現・堺東）～道頓堀間が延伸開業した際に設けられた高野線の起点駅ですが、実際には汐見橋～岸里玉出間を往復するだけの通称「汐見橋線」と呼ばれる高野線の枝線のように扱われています。

　駅名の由来は道頓堀川に架かる汐見橋で、開業翌年の1901（明治34）年に改称されました。鉄筋コンクリート造りの駅舎は1956（昭和31）年に改築され、2011（平成23）年に内外壁などが塗り替えられましたが、一歩足を踏み入れると昭和へタイムスリップしたような感覚に陥ります。自動改札機が設置されてはいるものの、殺風景な構内が広がっています。昔ながらの書体で記された**駅名標**に駅ナンバリングも追記されました。

　改札上には昭和30年代に制作されたという「南海沿線観光案内図」が掲げられていますが、判読もままならいほど傷んでいます。2012（平成24）年度の1日平均乗降人員は南海では第84位の495人。2006（平成18）年度には330人まで落ち込みましたが、2009（平成21）年の阪神なんば線の開業後は増加傾向にあり、同線桜川駅との乗り換え利用が多くなっています。

駅構内に掲げられた「南海沿線観光案内図」

駅舎内に昭和レトロを色濃く残す
かつての高野線ターミナル駅

ビルの谷間にたたずむホームの雰囲気は悪くない

直通運転も行われたターミナル時代

　かつては貨物ヤードもあったようですが、現在は1面2線の地上ホームがあるのみ。岸里玉出方面の1番線を使用し、一部の列車のみ2番線から発着します。現在は30分ヘッドのダイヤで2両編成の2200系・2230系（同一編成）の各駅停車が往復するのみですが、1925（大正14）年に高野線と南海本線との連絡線が完成するまでは極楽橋方面へのターミナルとして賑わっていたのです。

　その後の利用者の流れは難波へシフトするようになり、1985（昭和60）年には高野線から完全に切り離されてしまいます。1995（平成7）年に岸里玉出駅に汐見橋線用の高架ホームが完成し、南海本線への渡り線が設置されました。駅舎の東隣にはエスカレーターとエレベーターが設置された真新しい阪神なんば線の桜川駅があり、大阪市営地下鉄千日前線の桜川駅へも阪神なんば線からの駅通路が通じています。

駅開業年	1900年
1日平均乗降人員	495人
乗降人員別順位	84位
ホーム階	1階
ホーム構造	1面2線
駅所在地	大阪府大阪市浪速区桜川3-8-74

> **マメ蔵　駅名標**……駅名を記した標識や看板のこと。南海の駅名標は平仮名で大きく表記し、漢字とローマ字が添えられ、隣駅を矢印で掲載するタイプが主流です。2012（平成24）年からは駅ナンバリングも導入されました。

3章　南海電気鉄道の駅と車両基地のひみつ

堺市中心部に位置する行政機関への最寄り駅 堺東駅

政令指定都市である堺市の中心部にある堺東駅は全種別が停車し、緩急接続を行っています。髙島屋が入居する駅ビルにホームや改札があり、4つの出口が設けられています。

行政機関や繁華街に近い堺市の代表駅

　人口84万人を超える政令指定都市である大阪府堺市。南海本線堺駅とJR阪和線堺市駅の中間に位置し、行政機関にも近い中心駅が堺東駅です。2012（平成24）年度の1日平均乗降人員は6万74人で南海では難波、新今宮、天下茶屋に次いで第4位を誇っています。

　1898（明治31）年に高野鉄道の大小路駅として開業し、道頓堀（現・汐見橋）駅まで延伸した1900（明治33）年に現駅名に改称。1964（昭和39）年に髙島屋堺店が入居する地上8階・地下1階建ての南海堺東ビルが竣工し、1階にホーム、2・3階に改札口、3階部分に連絡デッキを設けました。

　営業列車以外の回送列車なども含めて全種別が停車し、快速急行、急行、区間急行と各駅停車が緩急接続を行います。上りの各駅停車は2列車連続で接続をとることが多いため、停車時間が長い傾向があります。下りは1列車のみであることが多いようです。

地上8階建ての駅ビルが立つ堺東駅。2階にはペデストリアンデッキがある

堺市中心部に立地する
巨大駅ビルに覆われた全種別停車駅

4カ所の出口がある大型駅

　島式2面4線のホームを持つ地上駅で退避設備があり、緩急接続が行われています。1・2番線が極楽橋・和泉中央（泉北高速鉄道）方面の高野線下り、3・4番線が難波方面の上りで2・3番線が本線、1・4番線が待避線です。難波寄りと極楽橋寄りに渡り線が設置され、極楽橋寄りは**シーサスクロッシング**となっています。1番線の隣には1線だけ側線があり、堺東終着・始発の列車が夜間滞泊を行うほか、回送列車などにも使用することがあります。

　2000（平成12）年にはコンコースとホームを結ぶエスカレーターとエレベーターを設置し、南海では初めて発車標にフルカラーLED式を採用しました。駅の規模が大きく、出口は4カ所に存在します。

　駅ビル2階には事実上のメインゲートとなる西口があります。堺市役所や堺銀座商店街に近く、南海バス（路線バス）が発着するバスターミナルも設けられ、ペデストリアンデッキで専門店街「ジョルノ」に接続。旧駅舎を利用した東口は駅北側の住民に重宝されています。駅ビル3階部分の一角には髙島屋と直結する北西口、2009（平成21）年に新設された北東口からは高層マンション「堺東ヴューモ」に直結しています。

東口には、珍しい木造の連絡通路や古い駅舎が残る。開発著しい周囲との対比が興味深い

駅開業年	1898年
1日平均乗降人員	6万74人
乗降人員別順位	4位
ホーム階	1階
ホーム構造	2面4線
駅所在地	大阪府堺市堺区三国ヶ丘御幸通61

> **マメ蔵**　**シーサスクロッシング**……2組の渡り線を交差させて配置したもの。4つの分岐器と同一平面で2つの線路が交差するダイヤモンドクロッシングから構成され、ダブルクロッシング、両渡り線、交差渡り線などとも呼ばれています。

地下鉄と泉北高速鉄道との接続駅として発展　中百舌鳥駅

高野線と泉北高速鉄道が相互直通運転し、大阪市営地下鉄御堂筋線とも接続する中百舌鳥駅。準急と各駅停車のみの停車ですが、大阪市内中心部と泉北ニュータウンとを結ぶ重要な役割を果たしています。

泉北高速鉄道が乗り入れる交通の要衝

　中百舌鳥駅は1912（大正元）年に高野登山鉄道によって開業します。駅名はかつて存在した中百舌鳥村に所在していたことに由来し、現在は大阪府堺市北区に中百舌鳥町があります。高野線と大阪府都市開発泉北高速鉄道（泉北高速鉄道）が相互直通運転を行い、大阪市営地下鉄**御堂筋線**が乗り入れています。中百舌鳥駅は大阪市内中心部と泉北ニュータウンを結ぶ通勤・通学路線として機能する交通の要衝です。

　1970（昭和45）年に従来の位置から北側に170m移動して橋上駅舎化されました。1971（昭和46）年には中百舌鳥〜泉ケ丘間の泉北高速鉄道が開業し、同時に高野線との相互直通運転を開始。1987（昭和62）年に大阪市営地下鉄御堂筋線があびこ駅から延伸されて、接続駅となりました。

　準急と各駅停車のみが停車し、特急、快速急行、急行に加え、泉北高速鉄道と直通する区間急行も通過します。ラッシュ時には地下鉄と南海、泉北高速鉄道との乗り換えでホームなどが混雑します。

ニュータウンらしい近代的な構造が目を引く中百舌鳥駅

駅開業年	1912年
1日平均乗降人員	2万2,947人
乗降人員別順位	12位
ホーム階	1階
ホーム構造	2面4線
駅所在地	大阪府堺市北区中百舌鳥町2-196

高野線と泉北高速鉄道、大阪市営地下鉄が接続する交通の要衝

泉北高速鉄道との接続駅でもあり、終日にわたり利用者が多い

島式2面4線ホームの共同使用駅

　高野線と泉北高速鉄道が共同で使用する南海管理の地上駅ですが、大阪市営地下鉄は平仮名で「なかもず」と表記される別構造の地下駅です。2面4線の島式ホームがある南海と泉北高速鉄道の中百舌鳥駅では1番線から極楽橋方面の高野線下り、2番線から和泉中央方面の泉北高速鉄道、3番線から泉北高速鉄道から直通する難波方面の高野線上り、4番線から難波方面の高野線上りが発着しています。乗り入れ列車が使用する2・3番線の難波寄りにY線構造の留置線があり、泉北高速鉄道の各駅停車が線内折り返しに使用します。

　2012（平成24）年度の1日平均乗降人員は2万2,947人で南海では第12位、高野線では第9位ですが、準急以下の停車駅では三国ヶ丘駅に次いで2番目に利用者の多い駅です。南北自由通路に向き合うように改札口が2カ所設置され、出口は北口と南口があります。地下鉄乗り場へ連絡する北口にはロータリーが整備され、関西国際空港へのリムジンバスも発着します。駅周辺は宅地化が進み、マンションなども数多く立地しています。

> **マメ蔵**　**御堂筋線**……江坂〜なかもず間を結ぶ路線で、1933（昭和8）年に大阪初の地下鉄として梅田〜心斎橋間が開業。大阪は主要都市が南北に位置しているので、新大阪駅、梅田駅、難波駅、天王寺駅を結ぶ御堂筋線は多くの利用者を運びます。

※高野線の乗降人員数の順位には、難波〜天下茶屋間を含みます。

折り返し列車も設定される田園都市への最寄り駅　北野田駅

北野田駅は高野線では堺市内の南端に位置し、折り返し列車も設定されています。駅周辺には商業施設があり、西側には大美野田園都市が形成され、東側には昔ながらの旧市街が広がっています。

古くから宅地開発が進められてきた北野田。駅そのものはこぢんまりとしているが、機能的に設計されている

関西有数の高級住宅街への最寄り駅

　萩原天神～狭山間に1914(大正3)年に新設された北野田駅は快速急行、急行、区間急行、準急、各駅停車が停車し、平日に1本だけ折り返し列車が設定されています。駅の西側には1930（昭和5）年にヨーロッパの田園都市をモデルに開発されたという大美野田園都市（住宅地）があります。東京の田園調布に代表される昭和初期の田園都市の原形とされ、豪邸などが建ち並ぶ関西有数の高級住宅街としても知られています。

　2面4線の島式ホームがある地上駅ですが、現在の橋上駅舎は1970（昭和45）年に完成しました。2005（平成17）年にペデストリアンデッキの共用が開始され、エレベーターや多機能トイレの設置などバリアフリーも図られています。2012（平成24）年度の1日平均乗降人員は3万4,871人で南海で第7位でした。

難波側にも安全側線が設けられ、車止めが設置されている

住宅街と商業施設が共存し、折り返し列車も発着する急行停車駅

平日早朝に設定される折り返し列車

　ホームは1・2番線を極楽橋方面の高野線下り、3・4番線を難波方面の高野線上りが使用し、2・3番線が本線、1・4番線が待避線のスタンダードな構造です。難波寄りに下り線から上り線への渡り線があり、4番線からは平日の早朝6時台に1本だけ折り返し列車が発着します。また、4番線の極楽橋寄りと下り線の難波寄りには**安全側線**が設けられています。下りの各駅停車の大半は終着駅まで先着し、上りの各駅停車は一部時間帯を除いて堺東駅まで先行します。

　東口と西口が橋上駅舎で結ばれ、駅周辺は商業施設が多いことも特徴です。東口にはスーパーマーケットが立ち、西口には南海バスと近鉄バスが運行する路線バスのターミナルがあります。2005（平成17）年に完成した「アミナス北野田」や2007（平成19）年オープンの「ベルヒル北野田」といった複合商業施設もペデストリアンデッキで直結します。北野田駅を境に西側は大美野田園都市が整備されていますが、東側には細い路地が入り組んだ旧市街が残るなど、東西で町の景観がまったく異なります。西口から近い噴水が目印の円形ロータリーを中心に放射状に広がる住宅街は「大美野の住宅地景観」として、2003（平成15）年の第10回堺市景観賞（まち部門）を受賞しました。

駅開業年	1914年
1日平均乗降人員	3万4,871人
乗降人員別順位	7位
ホーム階	1階
ホーム構造	2面4線
駅所在地	大阪府堺市東区北野田51-4

ロータリー側出入口にはバス路線案内図を設置。利用者にうれしいサービスだ

> **マメ蔵**　**安全側線**……列車が過走して他の列車と衝突する事故や危険性を防止するために設けられた短い側線のこと。北野田駅では折り返し列車が4番線進入時にオーバーランした場合に備えて設置しています。

ニュータウン開発の進行により拠点駅に成長した　金剛駅

「四国八十八ヶ所霊場の出開帳」の会場への最寄り駅として新設された金剛駅は金剛団地や狭山ニュータウンの開発により、全種別が停車し、折り返し列車が発着する拠点駅に成長しました。

イベント会場へのアクセス駅として開業

　金剛駅は1937（昭和12）年に南海鉄道開業50周年記念として開催された「四国八十八ヶ所霊場の出開帳」に伴い、河内半田（現・大阪狭山市）～滝谷間に新設されました。この出開帳の会場には狭山池や駅の西側付近が選ばれ、田畑が散在する荒涼とした地形を整備し、相対式2面2線ホームの地上駅として開業しました。駅名は四国遍路の最重要語句である「南無大師遍照金剛」に由来するとされています。

　1969（昭和44）年に2面4線の島式ホームに変更され、橋上駅舎となりました。かつては優等列車の通過駅でしたが、高野線沿線に開発された金剛ニュータウン（金剛団地）や狭山ニュータウンの人口が増加し、特急「りんかん」の運転が開始された1992（平成4）年に特急停車駅に昇格。2005（平成17）年からは一部急行が区間急行へ格下げされたため、日中の下り各駅停車の一部が金剛駅折り返しとなり、終着となった各駅停車は同一ホーム上で快速急行や区間急行に乗り換えられるようになりました。

駅舎の1階に商店が入居する金剛駅

ニュータウン開発によって
イベント会場アクセス駅から特急停車駅へ

出改札口に接して青果店などが並ぶ

駅開業年	1937年
1日平均乗降人員	3万5,875人
乗降人員別順位	6位
ホーム階	1階
ホーム構造	2面4線
駅所在地	大阪府大阪狭山市金剛1-1-1

ホーム上には特急券自動販売機も

金剛団地や狭山ニュータウンへの玄関口

　1番線が極楽橋方面の下りと折り返し列車の難波方面の上り、2番線が極楽橋方面の下り、3・4番線が難波方面の上りに使用され、1・4番線は待避線、2・3番線は本線です。難波寄りに下り本線から上り本線への渡り線があり、折り返し列車は1番線に入線します。2012（平成24）年度の1日平均乗降人員は3万5,875人で南海で第6位ですが、ピークを迎えた1995（平成7）年度の4万7,036人と比べると1万人以上減少していることになります。

　2004（平成16）年にバリアフリー化推進工事が完了し、エレベーターやエスカレーター、多機能トイレなどが設置されました。

　東口と西口の2カ所の出口が設けられ、東口は金剛団地に近く、商業施設や南海バスの乗り場があります。西口からは狭山ニュータウンを経由し、泉北高速鉄道の泉ケ丘駅までのコミュニティバスが連絡しています。金剛駅や西側一帯は大阪府大阪狭山市ですが、東口のロータリーの先は富田林市になります。毎年8月に行われる**教祖祭PL花火芸術**の最寄り駅のひとつでもあり、当日は駅周辺を含め大勢の見物客で賑わいます。

> **マメ蔵**　**教祖祭PL花火芸術**……大阪府富田林市で毎年8月1日に開催されるパーフェクト リバティー（PL）教団の宗教行事のこと。大規模な花火が打ち上げられることで知られ、約30万人の観客が集まる関西の一大イベントです。

3章　南海電気鉄道の駅と車両基地のひみつ

107

高野線の複線区間と山岳区間の境界駅　橋本駅

運行頻度の高い難波〜橋本間の複線区間と極楽橋までのローカルな山岳区間が分かれる橋本駅はJR和歌山線との共同使用駅です。高野線は4・5番線の2線のホームから全列車が発着します。

橋本はJR和歌山線との共用駅。左側がJRのホームだ

高野線とJR和歌山線の共同使用駅

　高野線の拠点駅となる橋本駅は、南海とJR和歌山線とが共同使用しています。かつて「りんかんサンライン」と呼ばれた高野線南部の玄関駅でもあります。1898（明治31）年にJR和歌山線の前身である**紀和鉄道**の終着駅として開業し、1915（大正4）年に当時の高野登山鉄道が乗り入れ、鉄道院（後の国鉄）との共同駅となりました。

　JR和歌山線は2面3線の島式ホーム、高野線は1面2線の島式ホームを使用。跨線橋で連絡する橋上駅舎（高野線）を持ちます。バリアフリーに対応するため、エレベーターと南海の改札口やきっぷ売り場などがある橋上駅舎が2011（平成23）年に完成。これまで共同で使用していた改札口が地上（JR）と橋上（南海）に分離されました。

　2012（平成24）年度の1日平均乗降人員は8,875人で南海で第31位です。国鉄時代は国鉄が南海を上回っていましたが、JR化後には逆転しています。

橋上駅舎が完成し改札口が分離された JR和歌山線との共同使用駅

南海仕様の共用ホームから発着

　橋本駅のホームはJRと南海とが通しで付番され、1番線はJR和歌山線下り、2・3番線はJR和歌山線上り、4・5番線は極楽橋方面の下りと難波方面の上りの共用となっています。北側には構内側線が広がり、車両の増解結や入れ換えなどが頻繁に行われています。

駅開業年	1915年
1日平均乗降人員	8,875人
乗降人員別順位	31位
ホーム階	1階
ホーム構造	1面2線
駅所在地	和歌山県橋本市古佐田1-4-51

　高野線ホームには売店があるほか、列車停止位置表示機能付きフルカラーLED式の発車標、ワンマン運転用のミラーを設置。2009（平成21）年の観光列車「天空」の運行開始に伴い、「こうや花鉄道」プロジェクトの一環として、橋本〜極楽橋間の駅名標が4カ国語で案内されるオリジナル仕様となり、駅の標高も図式で表示されています。

　駅は古くからの商店街などがある市内中心部に立地。ロータリーを持つ駅前広場が整備されています。その一角には地元ゆかりの漫画家・楳図かずおの「まことちゃん」像が愛らしい姿をみせています。

駅舎1階にはJRの出改札口。南海の出改札業務は2階に移された

南海出改札前にはJR乗り換え用の出改札が設けられている

マメ蔵　**紀和鉄道**……現在のJR和歌山線の一部である五条〜和歌山（現・紀和）間を開業させた私設鉄道で、蒸気機関車牽引の列車を運行していました。関西鉄道に買収された後、鉄道国有法によって国有の路線となりました。

縁起駅として人気を集め、木造駅舎も残る 学文路駅

全国屈指の難読駅名として知られる学文路駅は開業当時からの木造駅舎が残り、観光列車「天空」の停車駅です。合格祈願の縁起物として受験生に人気の入場券セットも販売されています。

観光列車「天空」も停車する難読駅

　全国でも難読駅名のひとつに数えられる学文路駅は高野山の宿場町として栄えた旧学文路村にちなんで名づけられました。1924（大正13）年に橋本～紀ノ川口間の砂利運搬用の貨物線から路線が延伸され、妻信号所から分岐した終着駅として開業しました。その後すぐに九度山駅まで延伸されて中間駅となりました。紀ノ川口～妻信号所間は1959（昭和34）年に廃止されています。

　2面2線の相対式ホームがあり、北側が橋本・難波方面の上り、南側が極楽橋方面の下りですが、番線表示はありません。下りホームへは改札口を抜けて構内踏切を渡ります。かつては下りホームの裏手に側線も残されていましたが、現在は撤去されています。2012（平成24）年度の1日平均乗降人員は603人で南海で第81位です。かつては有人駅でしたが、2013（平成25）年に**無人駅**となりました。2009（平成21）年に運行を開始した観光列車「天空」の停車駅であり、快速急行、急行、各駅停車が停車します。

木造駅舎が残る学文路駅。紀ノ川の眺望もすばらしい

合格祈願のお守りとして人気を集める
入場券セットが話題の木造駅舎

駅開業年	1924年
1日平均乗降人員	603人
乗降人員別順位	81位
ホーム階	1階
ホーム構造	2面2線
駅所在地	和歌山県橋本市学文路361-1

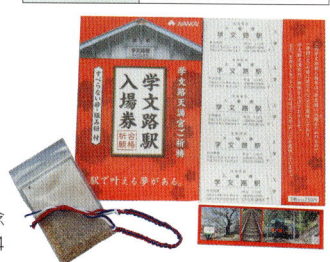

学文路天満宮は学問の守神。受験生の人気も高い

お守り風にあつらえられた学文路駅記念入場券。写真は2013年11月6日〜2014年3月19日発売品

大人気となった合格祈願の入場券

　紀ノ川を望む高台にあるロケーションで、開業当時からの木造駅舎が残っています。駅舎正面にはレトロな駅名板が掲げられ、三角屋根の頂点部分は南海のコーポレートマーク風に塗られています。駅周辺には学問の神様である菅原道真が祀られている学文路天満宮、霊水とご利益の寺とされるかむろ大師、石童丸物語ゆかりの学文路苅萱堂(かるかやどう)などの史跡が点在しています。なかでも学文路天満宮は受験シーズンには多くの参拝者が訪れることでも知られています。

　1975(昭和50)年に学文路駅の駅名にあやかって、「学問(文)の路に入るお守り」として入場券を販売したところ好評を博し、1980(昭和55)年から5枚セットで販売されるようになりました。「ご枚入り」「入場券」「学文路」の頭文字をつなぐと「ご入学」になることから、合格祈願の縁起物とされています。2013(平成25)年度は志望校への縁結びを願った3色の「組み紐」、急勾配で車輪が滑らないように撒くスリップ防止砂を使った「すべらない砂」もセットされていました。

> **マメ蔵　無人駅**……駅員が常駐しない駅のことで駅員無配置駅とも呼ばれています。乗降客の少ないローカル線などで多く見られます。列車のワンマン運転化などで、ローカル線を中心に増えています。

参拝・観光客で賑わう高野山の玄関口　極楽橋駅・高野山駅

険しい山岳区間にある高野線の終点・極楽橋駅から鋼索線（高野山ケーブル）に乗り換えて、宝形造の屋根を持つ高野山駅へ。世界遺産・高野山へのアクセス駅として大勢の観光客で賑わっています。

極楽橋駅は周辺に人家のない"秘境駅"

深い谷底にある高野線の終着駅

　高野下〜極楽橋間の高野線は、深い谷を見下ろしながら険しい山岳区間を走ります。終点の極楽橋駅は周辺に集落も見当たらない谷底の行き止まり駅です。2012（平成24）年度の1日平均乗降人員は62人で南海では全100駅中第97位です。著名観光地の玄関駅としては意外な実績ですが、これは鋼索線（高野山ケーブル）への乗り換え客数が含まれていないためです。

　駅名の由来は近くを流れる不動谷川に架かる極楽橋です。1929（昭和4）年に高野線の終着駅として開設され、1930（昭和5）年には鋼索線が開業しました。高野線は3面4線の櫛形ホームで難波寄りには留置線が設けられています。1〜2番線はおもに特急「こうや」や観光列車「天空」ののりばです。鋼索線は乗降分離の2面1線ホームです。高野線と鋼索線のホームは不動谷川を挟んだ両岸に位置し、橋の役目も兼ねた構内通路でつながっています。

高野線終点の極楽橋駅からケーブルカーで世界遺産の玄関口・高野山駅へ

山上の宗教都市・高野山への玄関口

　高野山駅までは極楽橋駅から「高野山ケーブル」と通称される鋼索線に乗り換えます。約5分で高低差約330mを駆け上がると、標高867mの高野山駅に到着。ケーブルカーは駅の地下室にある出力400kWhの巻上機2台を使用して運行しています。高野山駅の駅舎は高野山への玄関口にふさわしく、木造2階建ての洋風建築に寺院風の宝形造の屋根を持っているところが特徴です。2005（平成17）年に国の登録有形文化財に登録されました。

　階段状になったコンクリート製の2面1線のホームは乗車用と降車用に分かれ、改札口も入口と出口が別々に設けられています。2009（平成21）年にケーブルカー駅では日本初となる降車用ホームとコンコースを結ぶエレベーターを新設。2012（平成24）年度の1日平均乗降人員は1,688人で南海では第69位です。

　弘法大師空海が真言密教の根本道場として開いた山上の宗教都市・高野山中心部へは南海りんかんバスに乗って10分ほどで着きます。2004（平成16）年に世界遺産に登録されてからは参拝者や観光客が絶えず、近年では外国人観光客も増え続けているようです。2015年には「高野山開創1200年記念大法会」が開催されます。

高野山駅概要

駅開業年	1930年
1日平均乗降人員	1,688人
乗降人員別順位	69位
ホーム階	1階
ホーム構造	2面1線
駅所在地	和歌山県伊都郡高野町大字高野山国有林第9林班ノは

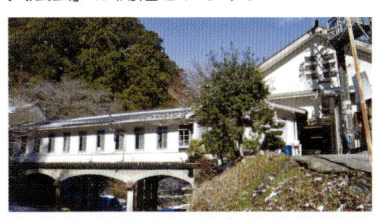

高野線極楽橋駅から左に延びる鋼索線連絡路はレトロな雰囲気がある

高野山駅までの急勾配はケーブルカーに乗りかえる

マメ蔵　宝形造……正方形の平面から隅棟（屋根の隅で斜め方向に下りている棟）が中央に集まり、4方向に傾斜する屋根のこと。屋根の形式のひとつで方形造とも書きます。六角形や八角形の平面の建築にも用いられています。

南海本線の車両基地にはどんなものがあるの?

南海本線では住ノ江検車区を車両メンテナンスの拠点としています。最大収容能力を誇る羽倉崎検車支区と南海最古の検車区である和歌山出張場も住ノ江検車区に統合され機能しています。

車両整備の拠点となる住ノ江検車区

　南海本線の車両基地は住ノ江検車区を本区とし、その支区にあたる羽倉崎検車支区と和歌山出張場があります。車両メンテナンスの重要拠点である住ノ江検車区は住ノ江駅の西側に広がり、4,782mの構内線路有効長と最大150両の収容能力を持っています。南海本線以外にも高師浜線・空港線・多奈川線・加太線・和歌山港線、汐見橋～岸里玉手間の高野線（汐見橋線）を走る全車両が配置されています。

　住ノ江検車区の歴史は古く、1921（大正10）年に住ノ江駅構内に電車庫を設けたことに始まります。1965（昭和40）年に南海本線と国鉄紀勢本線経由で運行されていた南紀直通気動車の検査場を増設。1980（昭和55）年に住ノ江駅の高架化が完成し、住ノ江検車区も高架構造となりました。気動車庫は1985（昭和60）年に急行「きのくに」とともに廃止、現在は保線用の車両基地に転用されています。検査場建屋内には10両編成のピット線が3本あり、目視点検が中心の列車検査と台車や車輪を外さない在姿状態で点検する状態・機能検査が行われています。

住ノ江検車区は南海本線と枝線の多くを担当する大規模車両基地だ

状態・機能検査を実施する住ノ江検車区、羽倉崎と和歌山には支区も存在

羽倉崎と和歌山にある住ノ江検車区の支区

　住ノ江検車区の羽倉崎検車支区は羽倉崎駅南西に位置し、留置線が14本並び170両の最大収容能力を誇っています。1955（昭和30）年に羽倉崎検車区として開設された当初は小規模な電車庫でしたが、1973（昭和48）年に大拡張工事が行われました。1982（昭和57）年に天下茶屋工場が閉鎖されると、**車輪転削**や大型機器を交換する随時修繕作業機能が羽倉崎検車区へ移管。8両編成対応のピット線3本のほか、車輪転削場や随修庫、車両洗浄装置などの設備もあります。

　和歌山市駅北側に隣接する住ノ江検車区の和歌山出張場は1911（明治44）年に和歌山電車庫として設置された南海最古の車両基地です。最大収容能力は104両で、主に加太線車両の列車検査を行っています。和歌山市駅がJR紀勢本線と接続していることから、JR線経由で輸送された南海の新造車なども受け入れています。

屋内で整備を受けるラピート用車両

車両パーツの整備は安全運行を支える要

マメ蔵　**車輪転削**……走行によって摩耗して変形した車輪の踏面やフランジなどを正常な形に削ること。南海では羽倉崎検車支区と小原田検車区に車輪旋盤があり、在姿状態のまま車輪転削を行うことができます。

高野線の車両基地には どんな施設があるの?

高野線には700両を超える南海全車両の定期検査を行う千代田工場、高野線の車両基地である小原田検車区とその支区となる千代田検車支区があります。高野山検車区は鋼索線の運行全般を担当します。

高野線に隣接して立つ千代田工場。南海唯一の工場として、全車両の定期検査を担当している

南海唯一の車両工場と隣接する検車支区

　高野線には千代田〜河内長野間の中間付近に千代田工場と小原田検車区の千代田検車支区、御幸辻〜橋本間には小原田検車区、さらに鋼索線の高野山検車区があります。千代田工場は南海本線系統も含めた南海が保有する700両以上の全車両の定期検査を担当しています。定期検査とは4年または走行距離が60万km以内で実施する重要部検査と、およそ8年を超えない期間で行われる**全般検査**のこと。南海唯一の車両工場であり、定期検査以外に車両の改造も行われます。

　千代田検車区（当時）では1966（昭和41）年の開設後、車両数の増加に対応するため堺東検車区を1973（昭和48）年に統合、さらに拡張工事が行われた結果、最大185両を収容する南海最大規模の車両基地になりました。以前は高野線唯一の検車区として車輪転削や状態・機能検査も行っていましたが、現在は20ｍ級のステンレス車両の列車検査が中心。2005（平成17）年に小原田検車区に統合されて千代田検車支区となりましたが、昼夜を問わず入出庫する車両が多いことも特徴です。

南海の車両を支える千代田工場
鋼索線の車両とロープは高野山検車区が担当

南海最新車両基地と鋼索線の運行と保守

　小原田検車区は南海最新の車両基地です。それまで高野線の車両は千代田検車区（当時）と、現在は橋本駅構内の留置線として機能する高野山検車区橋本検車場、1線のみが現存する堺東側線でメンテナンスが行われていましたが、収容車両数が限界に達したため1996（平成8）年に新設されました。10両編成のピット線が3本あり、列車検査と状態・機能検査を担当。随時修繕作業が可能な随修庫も備え、最大100両の車両収容能力があります。

　鋼索線（高野山ケーブル）の運行と車両の保守は高野山検車区で行われます。1930（昭和5）年に高野山鋼索場として発足し、1979（昭和54）年に橋本検車区と合併後、高野山検車区となりました。車両の点検や検査のほか巻上機や電動機の点検も担当、ロープの交換は6年に一度のサイクルで実施しています。

千代田工場では入れ換え用をはじめとする事業用機械が活躍

全般検査では、主電動器など重要な部位は細かく分解される

多くの電車が並ぶ千代田工場

千代田工場では車両の改造も行う

> **マメ蔵** **全般検査**……車両の主要部分を分解し、車両全体を詳細に調べる検査のこと。略して全検とも呼ばれます。8年を超えない期間で実施されるきまりで、内外装のリフレッシュや改良、車体の再塗装も行われます。

4章

南海電気鉄道の
車両のひみつ

1994(平成6)年に登場した「ラピート」は、
斬新なデザインが鉄道業界にインパクトを与えました。
南海電鉄は、この「ラピート」をはじめ、
創意工夫に富む車両を生み出してきた歴史があります。
一方、一部に狭隘な山岳路線を展開することもあって、
制約された多くの課題を克服してきたのも南海ならでは。
4章では、それぞれの車両の魅力や性能に迫ります。

南海の車両には
どんな秘密があるの?

南海電鉄の路線網は大阪・和歌山の2府県にまたがり、特急車から通勤車まで、バラエティに富んだ車両が運転されています。これらの車両は、南海固有の事情から、他社には見られない特徴を持っています。

「こうや」用の30000系は山岳区間にも対応

車両の種類が多種多様

　南海電鉄沿線は、さまざまな特色を持っています。南海線の沿線は古くからの住宅地であるほか工業・商業がさかんな地域、高野線の沿線はおおむね新興住宅地です。関西国際空港・和歌山港・高野山など、旅行者の中継地や目的地となる場所が点在しているのも大きな特色です。このため、南海の車両には特急車・一般車（通勤車など）という2つの分野が確立しました。

　一方、南海線と高野線の河内長野以北の地形はほぼ平坦で高速運転向き、高野線南部の地形は山岳地帯で、急坂・急カーブが続く難路です。このため、平坦区間用の20m車と山岳区間に対応する17m車の区別があり、南海線と高野線の運転条件の違いによる区別もあります。したがって、南海には、特急車と一般車のそれぞれに南海線用・高野線平坦区間用・高野線全線直通用の3つの種類があり、都合6つのカテゴリーが存在しているのです。これは、路線総延長が200kmに満たない鉄道会社としては、異例といえるほどのバリエーションです。

特急車から一般車まで、さまざまな電車が駆け巡る南海 東西の鉄道文化の架け橋という一面も

関東のメーカーが車両を製造　東西の文化がクロスオーバー

　南海の車両の多くは、神奈川県を拠点とする総合車両製作所（旧・東急車輛製造）で製造されています。おそらくこのためもあって、南海の車両には、関東・関西の両方の特色が混在しています。例えば、車内の蛍光灯は一般に関東では剥き出し、関西ではカバーつきですが、南海の多くの車両には、このカバーは設けられていません。

　列車の運転方法にも独特の慣行があります。南海の幹線の列車は、万が一の故障時にも制御できるように、走行システムを二重にしているのです。例えば、利用者の少ない区間・時間帯でも、2両で1システムの車両（2両連結でなければ走れない車両）は2編成を併結し4両編成で運転され、万が一の際のバックアップに備えています。この慣行は、安全輸送に対する強い姿勢を表しているといえるでしょう。

高野線では観光利用にも配慮した車両を配置

写真提供：高橋 修

特急車もそれぞれ異なるコンセプトで設計

> **マメ蔵**　**南海線　高野線**……南海線は、難波〜和歌山市間の南海本線とその枝線の総称です。高野線は枝線がないので1路線ですが、正式ルートの汐見橋〜極楽橋間を指すことは少なく、ふつうは運転系統どおりに難波〜極楽橋間を表します。

4章　南海電気鉄道の車両のひみつ

南海車両の形式番号はどんな基準や原則でつけているの?

南海では特急車は5桁、一般車は4桁の形式名ですが、この区分が決まるまでには技術の進歩に伴う試行錯誤がありました。懐かしい形式名が新形式として再登場してくるのも特徴です。

貫通型車両は特急車も一般車もすべて前面に形式番号を掲出。7000系も塗装変更後に貫通扉部分に車番が入れられた

特急車は5桁、一般車は4桁の数字でグループ分け

　南海の車両形式は、特急車は5桁、一般車は4桁の数字による系列表示となっています。例えば、特急車は10000系、12000系、50000系、一般車は1000系、8000系のような表示です。

　南海では以前は3桁もしくは4桁の数字で形式を表していましたが、1954（昭和29）年に11000系が登場する際に、従来と違う新技術のカルダン駆動車ということで、区別のために5桁の形式名をつけました。その後、カルダン駆動車が増えていく中で番号を整理することになり、特急車は5桁、一般車は4桁という現在の区分が成立しました。

　形式名の付番方法は、空白の番号につけていくため法則性はありません。ただ、以前に存在した形式と用途が似ている場合は、その形式名や近辺の数字を使用することがあります。

　例えば、高野線にはかつて21000系や22000系が存在していて、高野線は2のつく形式、というイメージがありました。そのため、高野線用の新しい一般車は2000系となりましたが、明確な根拠に則るものではありません。

5桁と4桁の形式番号がある南海 グループは「系」、個別は「形」と呼称

グループになる車両は「〇〇系」と区分

　多くの私鉄での慣行と同じく、ある形式のグループを示す場合は「〇〇系」、個々の車両を示す場合は「〇〇形」と呼ぶのが原則です。

　カルダン駆動になったいわゆる新性能電車・高性能電車（141ページ）以降は、機器を複数の車両に分散して搭載しているため、複数の形式が車両グループを構成するので「系」とつけられます。

　一方、グループ内であっても個々の車両形式を示すときは「形」を使います。そのため、1両で機器を搭載して完結している吊り掛け駆動時代の電車は、グループを形成しないため「系」ではなく「形」となります。

　しかし、吊り掛け駆動でも例えばモハ1521形は、付随車のサハ3801形と制御付随車のクハ3901形でグループを形成するので、1521系と呼ばれていました。このように、一緒に連結して編成を構成する形式があれば、駆動方式に関わらず「系」の文字が使われています。

　基本的に付番方法に法則性はありませんが、形式番号の100の位は決められています。0〜4は電動車（制御車、中間車の区別はない）、5・7・9は制御付随車、6・8は中間付随車となっています。

上／異なる扉位置に対応するため駅ホームに案内板などを設置
右／31000系は前面の裾部に黒色の文字で形式を表記。100の位は0なので、電動車なのがわかる

> **マメ蔵**　〇〇形……鉄道会社によっては「系」と「形」を区別せず、全車両を「形（がた）」で表している場合もあります。大手私鉄では小田急電鉄・京成電鉄・京浜急行電鉄・西日本鉄道が「形」表示です。昔とは呼び方を変えている事例も見られます。

他の鉄道には見られない斬新なデザイン 空港連絡を担う50000系「ラピート」

50000系電車は1994（平成6）年に登場した特急車で、大阪の難波と関西国際空港とを最速で結ぶ「ラピート」に使われています。ロボットアニメを思わせる斬新な姿は、関空アクセスにかける南海の強い思いを表しています。

空港連絡橋を越えて「ラピート」が関西国際空港に到着

迫力満点の先頭部デザイン　青い車体は空と海をイメージ

　50000系の車体デザインは、建築家の若林広幸によって行われました。巨大な筒から鉄球がはじき出されるようにも見えますが、これは蒸気機関車と未来をモチーフとする「レトロフューチャー」の表現です。艶のある紺色は空港をとりまく海と空にちなんでおり、奇抜なデザインと列車の役割をスマートに調和させています。このユニークな外観は、1960年代のテレビアニメ『鉄人28号』を連想させ、50000系は中高年世代から"鉄人"と呼ばれるようになりました。

　「ラピート」の愛称は、「速い」という意味のドイツ語のrapidから来ています。車体色の「ラピートブルー」と呼ばれる濃紺のパール塗装は、鉄道車両で初めての雲母入りの塗料となりました。

　走行システムはVVVFインバータ制御で、今日の主流となっている方式の早期の導入例です。営業最高速度は、南海本線内は時速110km、空港線内は時速120kmです。

航空旅客に注目度ナンバーワンの50000系
難波と関空を直結する「ラピート」

外観だけでなく、内装にも独自のデザインを採用。寒色系の外観に対し、インテリアは暖色系だ

楕円形を多用したインテリア　一段と豪華なスーパーシート

　50000系は6両編成で、難波方の2両（5・6号車）は追加料金制のスーパーシート車です。レギュラーシートが横2-2列であるのに対し、スーパーシートは2-1列配置。余裕たっぷりの車内空間での寛ぎを演出しています。

　車体断面・貫通ドア・側窓はすべて縦長の楕円形で、どこかしらSFの宇宙船のようにファンタジックな雰囲気を感じさせます。窓上の荷物入れはハットラック式（蓋つき）で、旅客機と同じタイプ。内装はオレンジ系でまとめられ、外観のソリッドな印象に反して、車内にはぬくもりがあふれています。このカラーリングとライティングは夜間の窓明かりにも映え、沿線から見送る人々に対し、乗車への意欲をかきたてているようです。

　50000系は関空開港時にノンストップの「ラピートα」、途中駅停車の「ラピートβ」でデビューしましたが、利用者の伸び悩みもあって、今はほとんどがβ型になりました。車両自体は好評なのですが（デビュー翌年に鉄道友の会の「ブルーリボン賞」を受賞）、関空のアクセス輸送がバブル景気の時代に計画され、大不況の時代に開業したことが伸び悩みの大きな原因になっているようです。

> **マメ蔵**　**鉄人28号**……横山光輝原作のアニメ。戦時中に極秘で開発されていたロボット兵器がリバイバルし、悪の組織と戦うストーリーです。鉄人は兵器なので、悪の手にリモコンが渡ると大変なことになります。

「サザン」専用車として登場、10000系

10000系は1985(昭和60)年に登場した特急車で、南海本線の特急「サザン」に使われています。この「サザン」は、デラックスな指定席車とロングシートの一般車が併結して走る珍しいスタイルの列車です。

南海本線に初めて投入された、指定席特急の専用車

　1970年代の南海本線の看板列車は、初代1000系（もと11000系）6両編成による特急「四国」でした。この車両は2扉・転換クロスシート（車端部はロングシート）の汎用型特急車で、一部の号車を座席指定にして四国航路との乗り継ぎ客の座席確保に配慮していました。

　10000系は、この1000系の老朽化による処分を機に、指定席部分を2両（のち4両）組の専用車に置き換えたものです。これにより、指定席は空調と遮音性に優れた密閉室型車両となり、座席にリクライニング式を採用するなど、追加料金に見合うサービスが保証されました。

　一方、1000系の一般席部分は既存のロングシート通勤車4両編成で代替され、南海本線の主力特急は、特急車10000系と一般車7000系・7100系の併結スタイルに改められました。こうして初代1000系は全車が役目を終え、廃車されています。なお、かつては南海本線に一般車のみによる特急（特別料金不要）も設定されていましたが、現在はありません。

10000系4両と通勤車4両の8両編成で運転される特急「サザン」　写真提供：高橋 修

指定席車と一般席車の併結で活躍する「サザン」
大阪から四国へのアクセスにも活躍する

車内は回転式リクライニングシートが並ぶ。大きな側窓で眺望も良好。荷物棚の下の蛍光灯は南海特急の伝統

一般車と併結で運用され、四国航路のアクセスに活躍

　10000系の先頭部は他車との連結に適した貫通スタイル。機能を優先した造りですが、屋根まで届く窓ガラスが両側面へ回り込み、大きなライトケースを掲げるデザインがパンチのきいた表情を作り出しています。

　側面は高野線特急車30000系（3代目「こうや」）によく似ており、登場時はカラーリングも30000系の赤い部分を緑に変更したイメージでした。これは、併結相手の7000系・7100系（当時は緑の2色塗り）に合わせてもいたのですが、緑は南海の伝統的なシンボルカラーであり、本線の看板車両にふさわしかったからでしょう。現在は、10000系・7000系・7100系とも青帯・オレンジ帯の新デザインに統一されています。

　また、南海らしいといえば、10000系の車内には、天井のほか両側の窓上にも蛍光灯が取りつけられています。これも歴代の特急車の定番アイテムで、他社には見られない小粋なデザインです。

　なお、10000系の一部機器は、置き換え対象となった1000系からリサイクルされました。ややオーバーな表現ですが、10000系は1000系の生まれ変わりといってもよいかもしれません。10000系は後継となる12000系の登場で、2012（平成24）年から廃車が始まりました。

> **マメ蔵** 　**併結スタイル**……「サザン」のように指定席車と一般席車を併結した特急車は、名古屋鉄道にも見られます。本来なら列車を2本に分けるケースを1本で運用できるので、低コストで増収を図る手段として導入されました。

4章　南海電気鉄道の車両のひみつ

眺望性に優れた高野線のシンボル車両、30000系「こうや」

30000系は1983（昭和58）年に登場した特急車で、高野線の特急「こうや」の3代目です。大きな曲面ガラスによる流線形の先頭部と、2代目「こうや」から引き継いだズームカーの性能がこの車両の特徴です。

高野山への観光アクセスに特化した行楽特急車

　高野線の特急「こうや」は、大阪から高野山への観光客向けの列車です。高野山は真言宗の総本山・金剛峯寺で有名ですが、標高約900mの高原に広がる町は、夏の盛りには絶好の避暑地ともなっています。そのため「こうや」の利用者数は夏と冬の差が大きく、開業からの長きにわたって、冬は運休していました。

　したがって、「こうや」用の車両は稼働期間が短く、大量に製造・保持するには適していません。そのため、初代と2代目のこうや号は1編成しか製造されず、その希少価値もあって人気が押し上げられていました。

　しかし、3代目「こうや」である30000系では2編成がデビューしています。置き換え相手の2代目は「デラックスズームカー」と呼ばれた20000系で、先頭部のデザインと車内の快適さが絶賛された車両です。30000系は、この20000系の良好なイメージを尊重しつつ、ビジュアル面を時代の好みに合わせた形にリフレッシュして送り出されました。

高野線を走る特急「こうや」

高野線で最もスタイリッシュな特急車
古き良き時代の名残を留める3代目「こうや」

輸送需要の変化に伴い、通勤客向けの運用にも進出

　30000系は高野線全線直通車なので、車体長は山岳区間の急カーブを曲がるための短い17mを採用。平坦区間を高速で走行するとともに、山岳区間の急勾配を安全確実に上り下りする特殊性能車「**ズームカー**」の一員となりました。4両固定編成を組み、4両すべてを電動車として、勾配区間の走行環境に対応しています。

　先頭部は1970〜1980年代のトレンドだった鋭角的な流線形。客室から運転室側への眺望のよさも、2代目「こうや」から受け継がれています。座席は20000系と同じくリクライニング式です。

　このように、レジャーの定番としての地位を引き継いだ30000系でしたが、モータリゼーションの進展に伴い、鉄道が高野山アクセスを独占することはなくなりました。一方、河内長野〜橋本間の沿線はかつてない規模で宅地化が進み、遠距離通勤者の中にも特急へのニーズが生まれてきました。こうして、30000系は、今では年間を通じてさまざまなタイプの特急運用につくようになってきています。

上／新旧の「こうや」が顔合わせ
右／流線形のフォルムは「こうや」の伝統的スタイルだ　写真提供：高橋 修

> **マメ蔵**　**ズームカー**……南海高野線の、21000系以降の全線直通車に与えられた愛称です。平坦線を時速100km程度、連続50‰勾配を時速30km程度でそれぞれ定速運転できる便利な電車で、高野線の直通車に不可欠の性能です。

4章　南海電気鉄道の車両のひみつ

高野線の特急増発で登場した
11000系「りんかん」、31000系「こうや」

11000系「りんかん」は1992（平成4）年に登場、31000系「こうや」は1999（平成11）年登場の特急車で、ともに高野線用です。11000系は平坦区間専用で大型車体、31000系は全線直通用で小型車体という違いがあります。

林間田園都市から大阪への快適通勤をめざした「りんかん」

　高野線の平坦区間はかつては三日市町駅までで、線路はそこから紀見峠を越えて紀ノ川の谷に下り、川岸の橋本駅から再び山あいに分け入って極楽橋駅に通じていました。しかし、紀見峠越えは1972（昭和47）年から1995（平成7）年にかけて改良され、以前より低い場所を長いトンネルで抜ける線形に線路がつけ替えられました。そのおかげで、今では大型車が橋本駅まで直通できるようになっています。

　11000系は、この改良に伴い難波～橋本間に特急「りんかん」を新設するために導入されました（ただし難波～橋本間には愛称なし特急が先行導入されていました）。「りんかん」の名は、紀見峠の南斜面に拓かれたニュータウン「林間田園都市」を表しています。沿線開発が進んだ結果、観光客以外の利用者層にも座席指定列車のニーズが生まれてきたのです。

　平坦区間専用の特急車ということで、11000系は**20m車**と長くなった一方、全線直通車に必要なズームカー機能を持っておらず、使用区間のニーズに合わせた仕様になっています。登場時は今の「サザン」と同じ塗装（一般車仕様）で、日常利用者向けのイメージでした。今は「こうや」と同様、赤とクリームに塗り分けられています。

11000系では流線形は採用されなかった

高野線特急のニーズ多様化に伴うニュータイプ「こうや」「りんかん」ファミリーを形成する

上／車内設備も、外観同様にスッキリとまとめられている。窓上の照明装置は昔の南海特急車の定番アイテム
右／流線形の30000系との併結運転も見られる31000系

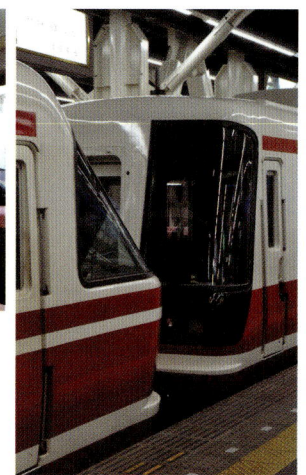

高野山観光と遠距離通勤の両用をめざした最新型「こうや」

11000系の投入により、高野線の特急車は全線直通車が2編成、平坦区間専用車が1編成になりました。全線直通車が2編成なのは以前より多いとはいえ、それでも検査入場や故障時の列車運転に不安が残ります。そこで直通車を1本増やすことになり、31000系が製造されました。

31000系は「こうや」の4代目ですが、以前のように代替わりするのではなく、3代目と併用される車両です。山岳区間直通用なので車体は17mと短く、平坦区間の高速性能や山岳区間での登坂・ブレーキ性能に汎用性のある万能車（ズームカー）です。ベースとなる走行システムは30000系と同じ抵抗制御で、座席は他の特急車と同じくリクライニングシートです。

先代までの「こうや」と大きく違うのは、貫通ドアつきの先頭部。「こうや」は眺望を売り物にしてきたのに、"ふつうの顔"になってしまいました。かつてのステイタス性がそれだけ薄れてきたわけですが、31000系は高野線のどの特急運用にもすんなり入れる柔軟性が身上です。さしずめ、ミスター高野線とでもいったところでしょうか。

> **マメ蔵　20m車**……日本の多くの鉄道会社で採用されている、一般的な大型車両の規格です。JRの旅客車はほとんどが20m車、大手私鉄の通勤車は、20m・4扉車か、18m・3扉のどちらかにほぼ二分されています。

「サザン・プレミアム」の愛称を持つ南海線の新特急車12000系

12000系は2011（平成23）年に登場した特急車で、南海本線の特急「サザン」の専用車両です。既存の「サザン」車両10000系の後継車で、外観・車内ともイメージを一新し、「サザン・プレミアム」と名づけられました。

「サザン」の新型車として登場した12000系「サザン・プレミアム」　写真提供：高橋 修

10000系「サザン」の後継車としてデビュー

　10000系特急車「サザン」は1985（昭和60）年の導入以来、一般車7000系・7100系との併結運転によって大阪と和歌山を結んできました。10000系はデビューから30年近くなり処遇がむずかしくなりましたが、相方の7000系グループは車齢50年とさらに高齢で、最新標準車8000系への置き換えが始まっています。

　そこで、これを機に10000系も引退させ、特急車部分も新造車に置き換えることになりました。10000系は7000系グループと同じく古い制御システム（抵抗制御）を使っているので、存続させても併結できる車両がなくなっていくのです。近年導入されている車両はすべてVVVFインバータ制御を採用しているので、これらと併結を行うには、やはり同じVVVF方式で性能を統一したほうが望ましいからです。

　こうして、2代目サザンはVVVFインバータ制御の新造車となりました。形式は12000系、愛称は「サザン・プレミアム」です。

先代サザンの後継車としてデビュー
南海本線の新しい看板車両

下／貫通型なので、併結時は
運転室を仕切る
写真提供：高橋 修

上／シート形状などの改善が図られ、利用者の評価も高いという　写真提供：高橋 修

空気清浄器などを導入してますます快適に

　12000系は10000系と同じく前面貫通型のシンプルな設計で、4両固定編成です。地色の銀も従来どおりですが、変化をイメージづけるため、カラーリングのパターンが躍動的になりました。

　車内設備のデザインは、軽やかでカジュアルな10000系から一変し、紺色を中心に重みと落ち着きを演出。ワンランク上を行く大人っぽいイメージが、プレミアムたるゆえんです。座席の背もたれには耳のような突起がありますが、これはリクライニングさせた時に隣の背もたれとの隙間をふさぐためのものです。後ろの乗客の視線が遮断されれば、気兼ねなく寛ぐことができるでしょう。また、この車内には、日本の私鉄車両で初という空気清浄器も取りつけられました。プレミアムとは何よりも、リラックスできる車内環境を表しているようです。

　12000系と併結される一般車は、現在増備が進んでいる8000系です。これら2形式は車体の断面形状が似ているので、先代「サザン」の特急車・一般車ペアよりも一体感のある組み合わせになっています。

> **マメ蔵**　空気清浄器……南海12000系に使われている空気清浄器は、シャープ製のプラズマクラスター発生器（同社の登録商標）です。ウイルスの作用を抑制し、カビの菌などを分解・除去して、室内にさわやかな空気をもたらします。

バリエーションの豊かなオールラウンド一般車、1000系（3代目）

1000系は、1992（平成4）年に登場した一般車です。関空開港後の標準通勤車として計画され、新しい技術であるVVVFインバータ制御の普及に貢献しました。現在の標準塗装を初めて採用した車両でもあります。

南海線と高野線平坦区間の両方にフィットする新設計

　1990年代の初めごろ、南海は関西国際空港の開港を視野に入れつつ、企業イメージのリフレッシュとグローバル化に乗り出しました。これに伴い、1000系は"新しい南海"を人々にイメージづける車両とされ、長期の生産に耐えうるデザインと性能を盛り込んで設計されました。

　1000系で画期的だったのは、高性能電車（141ページ）で初めて南海本線と高野線平坦区間との両用（汎用型）として導入されたことです。各地で路線改良が行われた結果、両線の運転条件にはほとんど差がなくなっており、車両形式を分ける意味が薄れてきたこともその背景にあります。

　性能面では、2000系で導入されたVVVFインバータ制御を採用、同システムの普及に寄与したともいえます。VVVFは英語のVariable Voltage Variable Frequencyを略したもので、「可変電圧・可変周波数」を表します。この技術は、電車の速度、加速・減速能力、省エネ・省コスト性など、あらゆる面で既存のシステムを凌駕しています。

幅広い線区で活躍する1000系電車　写真提供：高橋 修

新時代へ向かう南海をイメージづけた1000系
通勤車の新しいスタンダードとして各線で活躍する

難波駅で発車を待つ1000系

車端部にはボックスシートを設置。南海電鉄初の試みだ

既存の一般車を置き換えるため、長期にわたって増備が続く

　1000系はすべて20m・4扉のロングシート車ですが、新しい試みとして、車端部に向かい合わせの固定クロスシートが設けられました。また、長期にわたって量産されたので、製造年次によっていくつかのバリエーションがあります。

　初期車は車体の幅が2.7m強で、ステンレスの外板を灰色に塗ったうえで、青とオレンジの帯を並べています。中期車は初期車と同じ塗装としながら、車体の幅は2.8m強に広げられました。6次車ではステンレスの地肌を無塗装とし、銀の地に青とオレンジの帯を巻いています。

　標準形として勢力を広げてきた1000系ですが、2008（平成20）年からは後継車として標準車8000系が走り始めています。8000系は、1000系で培った技術を一歩進め、製造コスト面の削減などに貢献しています。

> **マメ蔵** **初代・2代目1000系**……初代の1000形式は、昭和初期に電7系から改造された1001形です。2代目の1000系は昭和末期の南海線特急車（通称"ヒゲ新"）で、1973（昭和48）年の昇圧時に11000系からの改造によって導入されました。

22000系の改造によって登場、観光車両もある2200系・2230系グループ

2200系・2230系・2270系（他社へ移籍）の3形式は、1993（平成5）年以降に既存の22000系の改造によって生まれた車両です。この改造は、高野線の急行用だった車両を短路線の折り返し運転に転用するために行われました。

「天空」は必ず一般車と併結して4両編成で運転される

"角ズーム"の愛称で親しまれた22000系

　1990年代の半ばまで、高野線のダイヤは難波〜極楽橋間を直通する優等列車と河内長野で難波方へ折り返すローカル列車の2本立てになっていました。また、極楽橋方は線形の厳しい山岳区間のため、曲線通過などの制約から通常の20m車の運用ができません。そこで全線直通列車を中心に活躍していたのが、17m車・21000系「ズームカー」でした。

　21000系4両編成の急行は朝夕ラッシュ時には混雑が激しく、1969（昭和44）年になると、難波〜三日市町間で2両増結されることになりました。そのために作られたのが22000系です。全線直通型の小型2扉車でしたが、前面に貫通ドアがつき、側ドアは両開き式になりました。これらの新旧の違いにより、その後、21000系は"丸ズーム"、22000系は"角ズーム"と呼ばれるようになっています。

　ズームカーは2扉車ですが、おもに通勤用として運用されるため、座席はロングシート（21000系の一部を除く）。山岳区間には急カーブ上に設けられた駅が多いため、ホームと車体との隙間が広くなりがちな車端部や車体中央を避けた位置に乗降用のドアが設置されています。

高野線の働き者だった22000系をリニューアル
枝線の顔となって走り続ける

ズームの性能を封印して改番、一部は高野線に戻り「天空」に

　高野線には1990（平成2）年に第2世代の全線直通車2000系が登場、在来ズームカーを一掃しました。しかし、22000系はあまり老朽化しておらず、2両編成単位で小回りが利くことが重視され、活躍の場を南海線の枝線各線に移すことになりました。

　多くの編成は、外観をほとんど変えずにワンマン化改造されました。このグループは2200系と2230系に改番され、汐見橋線・高師浜線・多奈川線・加太線に投入されています。これら以外の編成は運転士が運賃を受け取るタイプのワンマンカーとされ、先頭部の形状にも手が加えられて2270系となりました。このグループは貴志川線に投入されましたが、同線の他社への移管に伴い、南海の車両ではなくなりました。

　また、2009（平成21）年には、2200系のうち1編成が座席指定の観光列車「天空」用に再整備され、高野線の橋本～極楽橋間に復帰しました（モハ2258＋モハ2208）。この編成は緑をメインとするカラーリングに改装され、吹き抜けの展望デッキを設けるなど、山岳列車のムードを満喫できるようになっています。

汐見橋線をゆくワンマン改造車

紀ノ川、不動谷川や森林の景色が楽しめるように、西側に向かって座席が配された「天空」

> **マメ蔵**　**貴志川線**……和歌山～貴志間14.3kmを結ぶローカル線です。2006（平成18）年に地元の自治体・企業が出資する和歌山電鐵に引き継がれました。終点の貴志駅は、ネコの「たま駅長」で有名です。

高野線全線直通用の新シリーズ 2000系と2300系

2000系は1990(平成2)年に登場、2300系は2005(平成17)年に登場した車両で、ともに高野線用一般車です。2000系はロングシートの通勤形ですが、2300系には転換式クロスシートが採用されました。

初代ズームカーを置き換えるために登場した2000系

　2000系は、初代ズームカー21000系（丸ズーム）の置き換えをはかって導入された車両でした。南海で初めてVVVFインバータ制御を採用、"ハイテクズームカー"とも呼ばれています。22000系（角ズーム）との併結運転を考慮し、前面貫通型の2両編成になりました。

　一方、高野線では**和泉山脈**越え区間（河内長野〜橋本間）の改良工事が進められていました。2000系が運用されるころには、山岳区間だったこの区間も、数年以内に平坦区間に移行できるメドが立っていました。新線開業後は20m・4扉の大型車が難波から橋本まで直通できるようになり、17m・2扉のズームカーは、活躍の範囲が狭まります。

　ところが、2000系のVVVF制御は旧来の抵抗制御との協調がうまくいかず、22000系との併結運転に不具合が生じるようになりました。結局、難波〜極楽橋間の全線直通車はすべて2000系に置き換えられ、高野線には引き続き、大量の小型車が在籍することになりました。

20m・4扉車が中心の南海線に転属した2000系は、前面に大きく「2扉車」と表示されている

VVVFインバータ世代の高野線ズームカー
通勤車タイプからローカル線タイプが分化

4章 南海電気鉄道の車両のひみつ

高野線の切り通しを行く2300系
写真提供：高橋 修

転換式クロスシートが並ぶ車内

舞台となる高野線は急曲線が多い

ズームカーの運用縮小に伴って2300系が登場

　難波〜橋本間の大型車直通化は1995（平成7）年に実現し、ズームカーでしか運転できない区間は、橋本〜極楽橋間に縮小されました。また、橋本以南では利用者の減少が進み、"丸ズーム"時代からの4両運転では輸送力が過剰になってきました。ところが、2000系は構造上の理由から2ユニット併結の4両編成で運転しなければなりません。安全指針上、1本の列車には自力で動けるユニットを最低2組入れる必要があるからです。

　そこで、改めて2両編成中の1両が故障した場合でも他方に牽引させられるよう、2000系の機器を並べ替えた編成が作られました。これが2300系です。これならば、一方が故障しても立ち往生することなく運転を続けることが可能です。

　2300系は観光客の多いエリアを本拠地にすることから、眺めのよい広い窓や転換式クロスシートを採用。先頭部の赤い色は高野山の根本大塔をイメージしています。現在4本ある2300系は、編成ごとに「コスモス」「しゃくなげ」「さくら」「はなみずき」の愛称が設けられています。

> **マメ蔵** **和泉山脈**……大阪府と和歌山県の府県境をなす、東西に長い山脈です。南海電鉄の高野線は紀見峠で、南海本線は孝子（きょうし）峠でこの山脈を横断しています。紀見峠は長くて険しいですが、孝子峠は割合に緩やかです。

139

日本初のオールステンレス車のひとつ 高野線の初期高性能電車6000系グループ

6000系グループは、1962(昭和37)年から長期にわたって製造された高野線用一般車です。先陣を切った6000系は、東急7000系とともに、日本で初めてオールステンレスの車体が採用されました。

2色の帯がデザイン上のアクセントだが、車体のコルゲートからはレトロ感も漂っている
写真提供：高橋 修

高野線平坦区間のスタンダードな通勤車　6000系と6100系

　6000番台の車両形式は6000系、6100系、6200系、6300系と続いています(6100系は現存しません)。これらはすべて高野線平坦区間用のステンレス一般車で、20m車の4両編成単位でロングシートを備えた**高性能電車**です。従来の高野線車両よりも格段に輸送力がアップしたこのグループは、1960～1970年代の沿線開発に対応して増備されました。

　6000系は南海の通勤車で初の高性能電車です。従来よりも加速・減速性能に優れ、ラッシュ時の各駅停車は瞬発力が向上、列車ダイヤの稠密化が促進されました。6000系は東京急行電鉄の7000系と並び、日本で初めて完全ステンレスの車体を採り入れた車両でもあります。

　6100系は6000系の側ドアを片開きから両開きに変更した車両です。戸袋窓は省略され、側窓も2段式に代わって1段下降式に変更。6100系は1996(平成8)年以後は全車が台車を履き替え、6300系と形式名を変えました。

　6200系は、丸みが強かったそれまでの車体を、平面主体の造形に換えた車両です。動力車と無動力車の連結順序も変更されました。

関西私鉄には珍しい、ステンレス車体の通勤車
高野線沿線のニュータウン開発のシンボル

東急のステンレスカーと同じメーカーが製造　東急車そっくりの形式も

　現在ではポピュラーな存在のステンレスカーですが、関西の五大私鉄のなかで昭和のうちに量産して走らせていたのは南海だけでした。これは当時の南海の車両メーカー東急車輛（現・総合車両製作所）が、アメリカのバッド社からステンレス車体の製造許可を得ていたからでもあります。

　東急車輛は日本のステンレスカー製造の草分けで、すでに東急の5200系・6000系というセミステンレスカー（普通鋼製の骨組みをステンレスで覆った車両）を送り出していました。その後、東急7000系・南海6000系は、骨組み＋外板という構造をやめ、全ステンレス化を実現。そのおかげで大幅な軽量化が可能となり、電車の高速化や電力節減に新たな可能性が開かれました。このほかステンレス車体には、錆びにくい、塗装不要、長持ちするなどの長所があります。

　東急車輛はステンレス車体の改良を続け、その後の東急・南海からの発注にも、開発の成果を込めて応え続けました。そのため、両社が同じ時期に導入したステンレスカーは、各部のデザインがとてもよく似ています。

登場から50年経つが、今なお高野線通勤電車の中で大きな勢力を誇る

> **マメ蔵**　**高性能電車**……台車枠にモーターが固定されており、モーターの回転力が、自在に動く継ぎ手によって車軸に伝えられる電車。このしくみを「カルダン駆動」といい（171ページ）、すばやい加速と、高い最高速度が得られます。

4章　南海電気鉄道の車両のひみつ

昇圧準備車としてデビュー
南海線の初期高性能電車7000系グループ

7000系グループは、1963(昭和38)年から10年間にわたって製造された南海線用一般車です。1973(昭和48)年の昇圧で使えなくなる旧性能電車を置き換えるため、かつてないスケールでの大量生産が行われました。

高野線の6000系・6100系を普通鋼に置き換えてデビュー

　7000番台の車両形式は7000系・7100系の2種類があります。7000系は高野線6000系の、7100系は同じく6100系の普通鋼バージョンとして作られました。車体材料を除く外見の特徴は、いずれも原型車とまったく同じです。

　デザインのよく似た通勤車が普通鋼とステンレスの2通りになったのは、路線ごとの事情が考慮されたからです。下町の商工業地帯を走る南海本線はオリジナルのインフラには踏切が多く、自動車との接触事故に比較的よく見舞われました。一方の高野線は田園と丘陵地帯に敷設されたので、そのようなハンディキャップはありませんでした。

　ステンレス鋼は、変形すると修復が難しいことが大きな欠点です。これに対し、普通鋼はつぶれても容易に直すことができます。そのような事情もあり、修復の機会の多い南海本線の車両は、従来どおり普通鋼で作り続けることになったのです。

南海線特有の事情を背景に登場した7000系

南海線の近代化に大きく貢献
堅実なデザインの標準型通勤車

車内にはシンプルなロングシートを配置

登場間もない頃の7000系電車
写真提供：高橋 弘

もうひとつの原型は旧性能の普通鋼製4ドア車

　7000系グループには、もうひとつ原型となった車両があります。1959（昭和34）年登場の1521系と1960（昭和35）年登場の2051系です。両形式は動力的には吊り掛け駆動と呼ばれる**旧性能電車**でしたが、普通鋼製の20mの4扉・ロングシート車で、南海線初の平滑な全金属車体を採用、2051系には濃淡緑色が初めて採用されました。

　7000系は、1521・2051系の外観と、ステンレスカー 6000系の性能をミックスした車両でした。当時の私鉄界に20m・4扉の規格はまだ普及していませんでしたが、南海ではすでに十分な使用実績があったわけです。7000系グループの設計にはそうしたスキルが活かされているのです。

　南海の架線電圧は1973（昭和48）年に600Vから1,500Vに昇圧され、600V車は改造もしくは廃車代替が必要になりました。この昇圧は旧性能電車を一掃する好機となり、7000系グループはその置き換え用として大量に投入されました。昇圧プロジェクトが滞りなく進められ、南海線の車両水準が一気に向上したのは、完成度の高かった標準車7000系のおかげともいえるでしょう。

> **マメ蔵**　**旧性能電車**……モーターの軸が車軸と平行・等距離を保つよう、モーターを台車枠から車軸に吊り掛け、歯車だけで動力を伝える「吊り掛け駆動」の電車です。構造は簡単ですが、かなりのエネルギーが伝達の途中で失われます。

JR東日本E231系との共通設計を導入、新世代のVVVF車8000系（2代目）

現在の8000系は、2008（平成20）年に登場した南海線用一般車です。新標準車1000系のいくつかの材料・機器をJR東日本とシェアするようにした形式で、これによって製造・保守のコストが大幅に削減されました。

窓まわりなどにE231系の面影が窺える

低コストでの製造を期待できる共通設計車

　8000番台の車両形式の多くは昭和末期に登場しています。一方で、8000系は平成生まれの最新型です。かつて別の車両が8000系を名乗っていたのですが、その番号が抹消され、空き番になったところへ新しい車種が登場したので、このように短期間に2種類の8000系が登場しました。

　この8000系は、1000系（平成生まれの3代目）に代わる標準形通勤車です。車体はステンレス製で、1000系とは少し異なり裾を絞っています。車内の作りも変更され、座席は台座のない片持ち式、肘掛けは大型のパーティションタイプになりました。

　これらの変更点は南海のオリジナルではなく、メーカーに製造マニュアルがあるものです。つまり、一部の材料・機器を既存車両——JR東日本のE231系通勤形電車と共通化しているのです。E231系は汎用性が高くて製造数も多く、その生産工程からは他社でも使える材料・機器が比較的容易に調達できます。南海はこのことを利用して、車両の製造・維持のコストを削減したわけです。

JR東日本との共通設計を随所に導入
新1000系に代わって増備が始まる

前面デザインなどには南海らしさを盛り込む

　E231系はオーソドックスな20m・4扉のロングシート、交流誘導モーターを駆動するVVVFインバータ制御車です。業界内では材料・機器をシェアすることは早くから考えられていて、これまでに東京急行電鉄・東京都営地下鉄・相模鉄道などの車両がこの手法で造られてきました。

　共通設計の手法が広まると、鉄道各社の個性が消えてしまうのでは……との懸念も出てきますが、必ずしもそうなるとは限りません。先頭部の造形やカラーリングなどは、発注会社の自由にできるからです。

　近年のステンレスカーは、多くの場合ステンレスの本体に普通鋼の先頭部を接合しています。南海の8000系も同様で、先頭部は破損する率が高いので、工作の容易な材料にしているのです。塗色面では、近年は車体ラッピングの技術が進み、色地はおろか、大きな顔写真さえも貼りつけられるようになりました。

　これらの技術の助けにより、南海8000系の外観も、1000系の仲間と感じられるように仕上げられています。

8000系は今後の鉄道車両の試金石的存在といえるかもしれない　写真提供：高橋 修

> **マメ蔵　初代8000系**……初代の8000系は、1970年代半ばに登場した電機子チョッパ制御の一般車(高野線平坦区間用のステンレス通勤車)です。この車両は試験用で、1編成しか造られませんでした。

4章　南海電気鉄道の車両のひみつ

南海初の界磁チョッパ制御車 高野線平坦区間用の8200系

8200系は、1982(昭和57)年に登場した高野線用一般車です。6000系シリーズと同じ20m・4扉のステンレス通勤車ですが、「界磁チョッパ制御」という省エネ運転のシステムが、南海で初めて採り入れられました。

半導体の利用によって、従来よりもエネルギーを節約

　8000番台の形式番号は、もとは高野線平坦区間用の一般車のうち、省エネタイプのために用意されたものでした。

　1975(昭和50)年に登場した8000系は電機子チョッパ制御車です。従来方式の抵抗制御車は、加速の際の余剰電力を熱に変えて捨てていました。これに対し、電機子チョッパ車は抵抗器に代えて半導体を組み込み、余剰電力を出さない回路が作られているのです。しかし、この方式は導入コストが高いなど短所も多く、南海では量産は見送られました。

　続いて登場した8200系は、界磁チョッパ制御車です。この方式は電力回生ブレーキの効きが良く、抵抗制御と類似のしくみで省エネ効果が得られるため、以後はこの方式が定着しました。

　なお、チョッパ(chopper)とは、「(プロレス技の)チョップをする人」を表します。英語のチョップのメインの意味は、包丁で食材をトントンと切ることです。省エネ電車でいうチョッパとは、電気の流れを小刻みに押さえて、流れる量を調節する装置です。

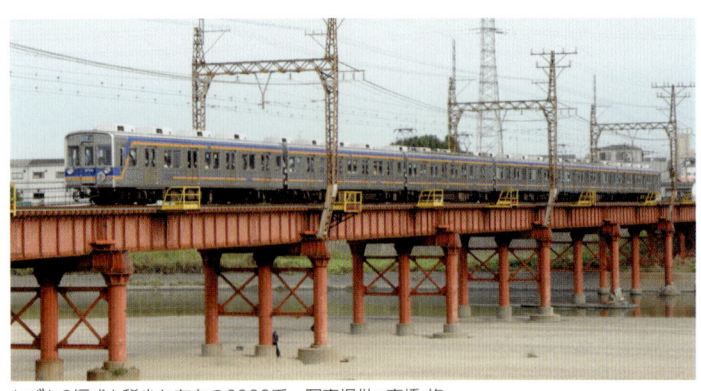

わずか3編成と稀少な存在の8200系　写真提供：高橋 修

省エネルギーの運転システムを実用化
高野線に導入された界磁チョッパ車

同じステンレス車、6000系とのフォルムの違いにも注目したい　写真提供：髙橋 修

私鉄各社に広まった、界磁チョッパ方式の省エネ電車

　8200系の外観デザインは、同じ高野線の6200系がベースになりました。オールステンレスの角張った車体ですが、最前部の周囲が額縁のように盛り上がり、見ようによっては、テレビで大映しになった顔にも見えます。オールステンレスの車体は加工がしづらいので、簡単な細工でイメージを大きく変えようと、このような造形が採り入れられたのでしょう。

　8200系は6両編成が3本しか製造されませんでした。南海の界磁チョッパ車は、このあと9000系が作られましたが、そのあとはもう、次世代のシステムであるVVVFインバータ制御になっています。8200系は少なくて使いづらいのか、VVVF車への改造と、それによる6200系グループへの編入が進められています。

　しかしながら、私鉄界の全体を見ると、界磁チョッパ制御の人気は小さくありません。直流モーター時代の最後の華ともいえ、各社に多数の採用例を見ることができます。

> **マメ蔵**　**電力回生ブレーキ**……惰行運転中の電車において、車輪の回転力で電気を起こし、その電気を架線に戻すブレーキシステム。戻された電気が他の電車に消費されると、車輪に強い回転抵抗がかかり、速度が大きく下がります。

第4章　南海電気鉄道の車両のひみつ

南海線初の界磁チョッパ車は、初のステンレスカーでもあった9000系

9000系は、1985(昭和60)年に登場した南海線用一般車です。高野線にデビューした界磁チョッパ通勤車の南海線バージョンで、車体の材料も、南海線では初となるステンレス鋼が採用されました。

新時代の車両として登場した9000系　写真提供：高橋 修

特急車の廃車に伴って導入された、別の用途の一般車

　高野線8200系の登場後、南海線にも9000系・界磁チョッパ通勤車が導入されました。

　南海本線の特急は、1985(昭和60)年に新特急車10000系と一般車の併結運転に再編され、愛称も「四国」から「サザン」に変更されました。四国号の指定席は10000系に、一般席は既存の一般車7000系・7100系に置き換えられたのです。この置き換えは合理的でしたが、急行・普通などの運用のため同数の車両が補充されなければなりません。そこで、時代に見合った設計の一般車が新造されたのでした。

　この構図は、実際には次のような流れになります。
　新造の9000系が急行・普通の運用に入る
　→9000系に運用を譲った7000系グループが特急の運用に入る
　→7000系グループに運用を譲った2台目1000系の一般車が廃車になる
　このような流れの車両移動を、俗に**"玉突き転配"**と呼んでいます。

南海線初のステンレスカーとして登場
界磁チョッパ制御の通勤車

ようやく南海線もステンレスカーの時代に

　9000系の最も画期的な特徴は、南海線で初のステンレスカーとなったことです。かつての南海線では踏切事故が目立ち、それが普通鋼使用の理由とされてきました。おそらく、その件数が減ってきたに違いありません。長い間に大阪市内・堺市内の立体交差化が進み、踏切が少なくなったからです。

　南海線車両へのステンレス製車体の導入は、高野線車両との規格統一の道を拓くものでした。

　南海線の久々の新車となった9000系は、前面デザインや車内の雰囲気など、細かなところでさまざまなイメージチェンジが行われました。

　特に8200系とよく似た「額縁顔」のデザインは、前面窓が屋根近くまで拡大されました。しかも上部はブラックアウトされて、洗練された印象になりました。そこには8200系に続いてナンバーが入れられています。以後、南海の電車（貫通型）は前面に車両ナンバーが入るようになりました。

　当初は前面と側面に緑色の帯が入っていましたが、1992（平成4）年ころから現在の青とオレンジの帯に変更されました。

9000系ではとりわけ性能面での革新が重視された

マメ蔵　**玉突き転配**……かつて国鉄のダイヤ改正では、これがよく行われました。首都圏に最新の通勤車が入ると名古屋・大阪などへ古い高性能電車が転属し、そこからさらに、ローカル線へ旧性能電車が移ったりしていたのです。

4章　南海電気鉄道の車両のひみつ

不朽の名車と呼ばれる20000系 デラックスズームカーってどんな電車?

20000系は1961(昭和36)年登場の高野線車両で、全線直通タイプの特急車です。外観・内装とも魅力的なデザインでまとめられ、高野線特有の走行条件にも適応するなど、当時の南海の意気込みを感じさせる優れた車両でした。

20000系の母体となった一般車、21000系ズームカー

　高野線の平坦区間と山岳区間は運転条件が異なるため、かつては異なる車両で運転するのが基本でした。けれども、電車技術の向上とともに1958(昭和33)年には両区間を滞りなく直通できる一般車21000系が登場。この車両は、その特殊な性能から「ズームカー」と名づけられました。

　ズームカーのズームは、飛行機などの「急角度上昇」を意味します。これは大阪平野から高野山へ上る道のりを表しています。また、ズームカーには「ズームレンズのような電車」の意味もあります。カメラのズームレンズが広角と望遠の2機能を兼ねるように、ズームカーは**平坦線用と山岳線用**の両方の性能を持っているからです。

　21000系は前面2枚窓のデザインで、後発の22000系と区別するため、しばしば"丸ズーム"と呼ばれます。少し前に南海線に入った11000系"ヒゲ新"にそっくりですが、性能は大きく異なります。"丸ズーム"の車体は"ヒゲ新"より3m短く、車端部から最初の側ドアまでの窓の数が"ヒゲ新"に1枚ずつ足りません。これは外観上の重要な特徴です。

極楽橋をあとにした21000系急行列車。山岳区間乗り入れを前提に開発され、観光路線にふさわしく車内にはクロスシートが並んでいた　写真提供:高橋 修

高野山に向かって急角度上昇
難波から直通するズームカー

独特のフォルムは「こうや」のイメージづくりにも貢献した　写真提供：高橋 修

ズームカーと「こうや」の初代どうしを組み合わせたデザイン

　高野線には1951（昭和26）年から旧性能電車による特急「こうや」が走っていましたが、旅客サービスの向上と所要時間の短縮を図るため、1961（昭和36）年に20000系特急車「デラックスズームカー」が導入されました。この車両はスタイリッシュな外観と快適な車内設備、ズームカーの性能の三拍子そろった特急車で、2代目「こうや」号として活躍。

　20000系は21000系"丸ズーム"と同じく17m車の4両編成でした。塗装は山々の緑に映える赤とクリーム。先頭部はほとんど職人の手づくりで、複雑な作りの外板と曲面ガラスでできていました。運転室は密閉式ですが、客室との仕切り壁には大きなガラス窓があり、背後からの前面展望が可能でした。座席はリクライニングシートです。

　「こうや」の輸送ニーズは夏期と休日に集中していたので、20000系は1編成しか製造されず、冬期は運休していました。行楽客が特に多い時期や検査で走れない時などは、21000系"丸ズーム"の転換式クロスシート編成が駆り出され、臨時「こうや」として応援輸送に使われました。20000系は、1985（昭和60）年の引退後も名車としてその名を留めています。

> **マメ蔵**　**平坦線用と山岳線用**……電車には歯車による変速機はなく、平坦線用の車両には高速ギヤ、山岳線（勾配線）用の車両には低速ギヤしかありません。ズームカーは低速ギヤ車ですが、電流制御によって高速運転が可能です。

南海高野線と相互乗り入れをする泉北高速鉄道の車両

泉北高速鉄道は、高野線の中百舌鳥駅と和泉中央駅を結ぶ14.3kmの高規格鉄道です。利用者の多くは大阪方面への通勤・通学客なので、難波と和泉中央を結んで南海・泉北の相互直通運転が行われています。

泉北高速鉄道の7000系(左)と5000系(右)

1970年代に開業した新しい鉄道　泉北高速鉄道

　泉北高速鉄道は1971（昭和46）年に開業しました。この年は、EXPO'70と呼ばれた大阪万博の翌年です。事業者は第三セクター「大阪府都市開発」で、泉北ニュータウンと一体的に整備された鉄道路線です。

　南海高野線との直通運転で難波と和泉中央とを結ぶ準急が数多く設定され、大阪市や堺市街への通勤者の便を図っています。

　車両は南海と同規格で、かつては高野線と同じ20m・4扉・ロングシートのステンレスカーが増備されました。初代の車両100系（引退）は、南海6100系に準じたデザインでしたが、2代目の3000系は南海6200系とそっくりで、当初は前面貫通ドアの青い塗装がわずかに南海車との区別になっていました。近年この3000系の一部は南海に譲渡され、南海でも3000系として使用されています。

準大手私鉄に成長した泉北高速鉄道は青いラインのニュータウン鉄道

白地に青のラインのオリジナルデザインの車両が登場

　そんな泉北線にも2つの大きな転機がありました。まずは1987（昭和62）年に大阪市営地下鉄の御堂筋線があびこ〜なかもず間で開通し、中百舌鳥から大阪都心部へのルートができたのです。このルートは乗り換えを要するものの、利用者の好評を得ています。さらに1993（平成5）年には、かつては南海への委託によっていた業務を、すべて泉北高速鉄道が直営で行うこととなりました。

　このような経緯があるためか、3代目車両の5000系（1990年）や4代目車両の7000系（1996年）は車体デザインが大きく変わり、白地に青帯の全面塗装車となりました（ともに最新のVVVFインバータ制御車）。7000系と最新の7020系は、丸みのある前面デザインも秀逸です。泉北高速鉄道は、こうして独自性の強い鉄道へと変化してきました。輸送状況も好調で、今や**準大手私鉄**の一員に数えられています。

　なお、5000系のうち1編成は、大阪府立大型児童館「ビッグバン」のマスコットである「ベアル」「メロウ」を車体に描いた車両「ハッピーベアル」です。もちろんこの車両も南海高野線に乗り入れており、難波〜中百舌鳥〜和泉中央の全区間で、かわいらしいイラストを見ることができます。

3000系は南海電鉄6200系に準じた仕様を持つ

5000系に「ベアル」「メロウ」を描いた「ハッピーベアル」

> **マメ蔵**　**準大手私鉄**……現在は、新京成電鉄・北大阪急行電鉄・泉北高速鉄道・山陽電気鉄道・神戸高速鉄道の5社。路線延長が短いにもかかわらず、利用者が非常に多く、大手並みの高度な輸送サービスを行っている私鉄です。

4章　南海電気鉄道の車両のひみつ

かつては南海の路面電車だった阪堺電気軌道の車両

阪堺電気軌道は、大阪と堺の2大都市を主として路面軌道で結んでいます。現在も昭和各期の車両が稼働しており、生活感のあふれる街並みに溶け込んだ電車は、鉄道愛好者をはじめ多くの人々に親しまれています。

南海の大阪軌道線と呼ばれていた路線グループ

　阪堺電気軌道は大阪～堺エリアを走る路面電車の鉄道で、阪堺線（恵美須町～浜寺駅前間14.1km）と上町線（天王寺駅前～住吉公園間4.6km）の2路線があります。明治中期、阪堺線は初代の阪堺電気軌道、上町線は大阪馬車鉄道（後に浪速電車軌道）として営業していましたが、明治末期までに南海に併合されました。両路線とも南海の時代が長く、昭和時代の車両・施設は、今や南海時代の貴重な遺産です。

　現在の阪堺電軌が発足したのは1980（昭和55）年12月。利用者減などから、運営体制を身軽にして地域密着性を強めることになりました。また、初代の阪堺からの継承路線には平野線（今池～平野間5.9km）もありましたが、こちらは今の阪堺の発足前月に廃止されています。

　南海本線新今宮～住吉大社間の東側では、阪堺線と上町線がほぼ並行しています。上町線は上町台地の上を通り、阪堺線は台地の西の麓をたどるのです。両線は1kmほどしか離れていませんが、上町線の沿線は清楚な住宅街、阪堺線の沿線は独特のムードの労働者街で、対照的な車窓風景が隣り合っています。

南海大阪軌道線時代の塗装になった、阪堺電気軌道161形のモ162

昭和の香りがノスタルジックな路面電車
現役最古の電車が今なお健在

昭和40年代当時のデザインに復原された161号車内　写真提供：高橋 修

古典的車両からライトレール型まで、さまざまな車両が行き交う

　阪堺電軌の大きな魅力は、昭和の初期・中期・末期、それに平成の4世代の車両が、それぞれまとまった勢力を保っていることです。稼働率が高いのは昭和末期のグループ（モ701形）で、やや平凡なスタイルですが、窓が大きく、きれいで気持ちのよい車両です。このタイプの多くは車体広告を掲出しています。

　ハイライトは、なんといっても昭和初期のタイプ（モ161形）でしょう。今や全国でも最古の現役電車で、一部にはオリジナル塗装が復活しています。逆にトレンディなのは平成の最新型、2013（平成25）年に登場したばかりの1001形「堺トラム」です。旧来の路面電車のイメージを払拭したSFチックな外観もさることながら、高齢化時代にふさわしく、この車両には乗り降りしやすい超低床車体が採用されました。

　また、阪堺電軌はしばしば東京都電とタイアップ企画を行っています。たとえば、両社は相手線の車両のカラーリングを自社の車両に施したりして、路面電車ファンを唸らせています。

> **マメ蔵**　上町台地……大阪市内の東寄りを、南北に延びる台地です。台地上には古くから集落が発達しており、それでこの地名が生まれました。北の端には大阪城がそびえ、中ほどには四天王寺、南端部には住吉大社が立地しています。

南海といえばこのデザイン
昭和を代表する2種類の特急車

戦前の特急車2001形は、当時の日本を代表する高速電車の一つでした。戦後に登場した前面2枚窓の2扉車は、"ヒゲ新"11000系・1000系、初代ズームカー21000系という2つのバージョンで沿線の人々に親しまれました。

屋根上に4基の冷房装置を備えていた2001形　資料提供：高橋 弘

戦前の名車2001形、一部は日本初の冷房電車に

　電9形（のちの2001形）は1929（昭和4）年に登場し、南海線の特急（料金は不要）に導入されました。基本的には初期鋼製車の標準的な設計でしたが、当時の電車には珍しく、20ｍと2扉の組み合わせになりました。最前部の屋根の下辺はアーチ状で、窓も低めに設計されるなど、安定感のあるデザインがユニークです。座席はセミクロスシートが採用されました。

　1936（昭和11）年の夏、この2001形が大きな話題になりました。モハ2002＋クハ2802編成に冷房の搭載改造が施されたのです。これこそが、わが国初の冷房つき鉄道車両です。

　改造にあたっては、クハ車の屋上に巨大なクーラーを搭載し、隣のモハ車の屋根にはさらに大きなダクトを設置。2両分の冷風を供給していました。冷房の機器そのものが珍しかったこの時代、冷房電車は大好評を博したといわれています。冷房車は翌1937（昭和12）年に増備されましたが、思わぬ逆風が襲います。日中戦争勃発に伴う世情の変化から、南海の冷房運転はこの年限りで終了してしまいました。

往年のイメージリーダー2001形と2枚窓特急車 今なおファンが多い緑色塗装の南海電車

南海線用・高野線用の2仕様がある前面2枚窓車

　1954（昭和29）年には、南海初の高性能電車として11000系が登場しました。この車両は2001形のグレードアップ版でしたが、1956（昭和31）年登場の後期車はデザインを一新、前面2枚窓の新しい顔になりました。この顔は窓下にV字の帯が入ったので、"ヒゲの新車"略して"ヒゲ新"と呼ばれるようになりました。11000系は1973（昭和48）年に後期車のみの6両編成に組み直され、形式名も1000系（2代目）に変更されました。

　このデザインは、高野線の初代ズームカー（丸ズーム）21000系にも採り入れられました。ヒゲ新の車体は20ｍ、丸ズームは17ｍでしたが、南海の看板車両のイメージは、これによって2枚窓タイプに統一されました。

　新装なったヒゲ新1000系は、難波と和歌山港を結ぶ特急「四国」を中心に運用されました。「四国」は和歌山港で和歌山〜徳島（小松島）航路に接続し、大阪〜徳島間の一貫輸送を担う列車です。一方の丸ズーム21000系は通勤客向けの急行に使われましたが、ヒゲ新・丸ズームとも老朽化が進み、平成初期までに新型車両への置き換えられました。

特急「四国」の丸い愛称盤を掲げて走る1000系。濃緑の帯の形状からヒゲ新と呼ばれて親しまれた
写真提供：高橋修

マメ蔵　前面2枚窓……2枚窓の前面デザインはいろいろありますが、1949（昭和24）年登場の国鉄80系電車が増備中に採り入れたデザインは「湘南窓」と呼ばれて全国に広まりました。ヒゲ新とズームカーの前面はこのタイプの一種です。

4章　南海電気鉄道の車両のひみつ

南海にも蒸気機関車や電気機関車があったって本当？

南海本線は電気鉄道の実用化前に開業し、全通後のしばらくは蒸気機関車が客車や貨車を牽引していました。旅客列車は1911（明治44）年までに電車化されましたが、電気機関車による貨物列車が昭和末期まで走り続けました。

国鉄7700形と共通仕様だったC10001　写真提供：高橋 弘

南海線・高野線とも最初は蒸気運転

　南海の歴史は蒸気機関車によって幕を開けました。1885（明治18）年開業の阪堺鉄道、1897（明治30）年開業の南海鉄道、1898（明治31）年開業の高野鉄道とも、最初は蒸気鉄道だったのです。日本初の電気鉄道は1895（明治28）年開業の京都電気鉄道でしたから、阪堺鉄道の開業時には鉄道の動力といえば蒸気か馬か人（！）しかありませんでした。

　阪堺鉄道の蒸気機関車は、東北地方の官営釜石鉄道の廃止に伴い払下げを受けたものです。イギリス製、軸配置Bのタンク機で、軌間は838mmという特殊なものでした。阪堺鉄道の線路はこの軌間で敷設され、南海鉄道の時代になってから1,067mmに改軌されています。釜石から転入した最初の2両は、「浪速」「和歌」の愛称で親しまれました。

　南海鉄道にはアメリカ製のタンク機（軸配置1C1）が導入されました。南海本線は、全線開通の時点でも蒸気機関車が客車・貨車を牽引していました。和歌山市駅までの電化完成は1911（明治44）年です。以後、蒸気機関車は貨物と入れ換えの専用になり、昭和初期に全廃されています。

明治の南海は蒸気機関車のパラダイス
凸型車体がシンボルだった電気機関車

電気機関車は電化後の貨物輸送に使われる

　南海には電気機関車もありました。電化後の旅客輸送は電車に引き継がれたので、電気機関車は貨物列車の牽引と入れ換え用でした。デビューは昭和初期でしたが、戦時中に軍需輸送のニーズが高まり電気機関車の最盛期を迎えます。おもな任務は、南海線沿線の工場から最寄りの省線（国鉄線）までの製品輸送で、東芝製の角張った凸型機関車が主役を演じました。これらは数が多かったからか、のちに「南海形」と呼ばれました。

　戦後の貨物輸送はしだいにトラックに取って代わられ、機関車の出番は少なくなりました。最後の新製電機は1960年代半ばに登場した凸型機、ED5201形です。戦時デビューの南海形は角が立っていたのに対し、この機関車は、車体の折り目に丸みがついていました。同時代の南海の電車に例えるなら、南海形はさしずめ"角トツ"、ED5201形は"丸トツ"といったところでしょう。

　ともあれ、南海は1984（昭和59）年に貨物輸送を全廃、名物の凸型機はすべて役目を終えています。ED5201形は、三重県の三岐鉄道に1両が引き取られていきました。

グリーンの塗色が施されたED5201形は、南海電鉄の凸型機関車の標準型として活躍した　写真提供：高橋修

マメ蔵　凸型機関車……通常は車体の両端にある運転台を中央部にまとめて配置し、横から見るとその部分が上に突き出ている機関車。方向転換がすばやくできるので、操車場で車両の入れ換えをする機関車に多いスタイルです。

南海にも客車列車が運転されていたって本当？

南海の創業期の旅客列車は、蒸気機関車が客車を牽引するスタイルでした。電化によって客車は要らなくなりましたが、国鉄非電化路線への直通サービスが導入され、客車の運転が復活しました。

南海本線と現在の紀勢本線を直通していたリゾート列車

　南海電鉄の前身・阪堺鉄道は蒸気動力で開業しました。当時の列車はもちろん客車列車です。客車は南海本線全通後も残りましたが、1911（明治44）年に電化が完成し、すべて電車に置き換えられました。

　しかしその後も、客車は2度にわたって運転されました。大阪から南紀白浜などへの行楽客を対象に、戦前・戦後のそれぞれ数年間、南海本線と現在のJR紀勢本線にまたがる客車運転が行われていたのです。

　この南紀直通客車は、後発の阪和電気鉄道（現・JR阪和線）が先に実現させました。阪和電鉄も大阪と和歌山を電車で結びましたが、終点の東和歌山（現・和歌山）駅から南下する鉄道省路線への直通を同省から持ちかけられ、1934（昭和9）年から自社の電車と省線の蒸気機関車が客車を受け渡しするサービスを始めたのです。

　これに続いて南海も同年、阪和電鉄と同じ方法で、難波〜和歌山市間と省線の南紀方面にまたがる客車運転を始めました。難波〜白浜口（現・白浜）間の「黒潮号」（阪和電鉄車と同じ愛称）がその列車です。

難波駅で発車を待つサハ4801形　写真提供：高橋 弘

客車列車と電車

客車列車は機関車が牽引する旅客列車を指し、客車自体に動力を持たないのが特徴です。電車は旅客用車両自体に電気動力の装置を持つ列車や車両を意味します。前者は動力が機関車のみなので動力集中方式、後者は小さな動力を複数の車両に分けて搭載するので動力分散方式とも呼びます。

電車が引っ張っていた国鉄形の客車
難波から南紀への直通運転

南紀直通列車「くろしお」。サハ4801形は2001形電車の後部に連結されている　写真提供：高橋 弘

戦争で中断したのち、紀勢線の無煙化まで走り続ける

　終戦前後の混乱を経て、南海鉄道は南海電気鉄道に、阪和電気鉄道は国鉄阪和線になりました。国鉄の路線は大阪から南紀方面までつながってしまいましたが、それでも南海は南紀直通客車をあきらめず、1951（昭和26）年に難波～和歌山市～白浜方面に直通運転を復活させました。

　この客車は国鉄のスハ43形と同型で、サハ4801形というものです。塗装は南海らしく緑一色で、屋根が若干浅く（低く）、出入り台上部には「南海」と記した標識灯があり、国鉄のスハ43形と連結されても独特な個性を放っていました。南海線内は2001形電車に牽引され、高速運転が行われました。座席は4人向かい合わせの固定式です。

　やがて、紀勢西線（現・JR紀勢本線）では客車から気動車への置き換えが始まり、緑の客車の連結相手も遠からず消えゆく運命となりました。南海も自ら気動車キハ5501形を導入、しばらくは客車と気動車の併用が行われましたが、1972（昭和47）年、南海のサハ4801形はついに廃止されました。

> **マメ蔵**　**阪和電気鉄道**……1930（昭和5）年に天王寺～東和歌山（現・和歌山）間を全通させた電化私鉄です。高速運転で知られましたが、1940（昭和15）年に南海の山手線となり、1944（昭和19）年には国有鉄道に吸収され、現在の阪和線となりました。

4章　南海電気鉄道の車両のひみつ

南海にもディーゼルカーが運転されていたって本当?

南海本線と国鉄紀勢線との直通運転は、昭和時代のほぼ全期にわたって続けられました。紀勢線には昭和30年代にディーゼルカーが導入されたので、直通用車両もこのころ客車からディーゼルカーに置き換えられました。

「きのくに」のヘッドマークを掲げたキハ5501形は国鉄気動車急行色だった　写真提供：高橋 修

国鉄キハ55系とそっくりの南海キハ5501形

　1951（昭和26）年に復活した国鉄紀勢線への乗り入れは、1959（昭和34）年から気動車（ディーゼルカー）が加わりました。ちょうどこの年、紀勢線に準急形気動車キハ55系が導入されたのです。そこで南海は同じ車両を導入し、キハ5501形と名づけました。

　国鉄キハ55系は、長さ20mの気動車です。乗降口を両端に寄せ、客室は密閉型として、4人向かい合わせの固定クロスシートが車内いっぱいに並べられました。キハ55系は国民待望の初の長距離気動車で、旅行者を蒸気機関車の煤煙から解放してくれる救世主のような存在でした。

　南海が導入した気動車は、キハ5501形・キハ5551形の2形式です。前者は片運転台でトイレつき、後者は両運転台で、トイレは省略されました。塗装は国鉄車と同様です。初めはクリームに赤い帯、のちに窓まわりが赤となりました。また、南海本線は車両限界がやや狭いので、乗客が幅広の車体から手を出さないよう側窓の下方に保護棒が設けられました。

南海本線に紅一点のディーゼルカー
南紀直通を客車から引き継いだが…

大阪～南紀のメインルートは、名実ともに国鉄へ

　一方、大阪～南紀のメインルートは、戦前からは様変わりしました。戦前の大阪～和歌山間には南海鉄道・阪和電鉄の2社線が並び、省線（国鉄）は南海の和歌山市駅を始発駅として「？」のような線を描いて南下していました。しかし、国鉄の路線に一本化された旧阪和電鉄ルートは、線形でも運賃でも両面で有利になり、迂回や方向転換がある南海～国鉄連絡ルートは、陰りゆく運命に陥ったのです。

　キハ55系の導入後、国鉄は列車の種別・愛称の整理を行い、南紀方面の主力列車は急行「きのくに」（天王寺・難波～白浜・新宮など）となりました。「きのくに」は数多く設定されましたが、新設分はすべて天王寺発着で、難波発着は従来どおりとはいえ1日1往復のみ。この1本は和歌山駅で天王寺発着の「きのくに」と分割・併合を行っていました。

　難波発着の「きのくに」は2両ないし3両編成で、南海本線内では特急として走っていました。阪和線経由の「きのくに」と比べると、堺・岸和田という有力都市に停まること以外、とくに魅力がなかったようです。国鉄の気動車急行が電車特急化により紀勢線から消滅した1985（昭和60）年、南海のディーゼルカーも姿を消してしまいました。

初期には南海線内で電車併結(牽引)運転も見られた　写真提供：高橋 弘

> **マメ蔵**　**車両限界**……鉄道車両や自動車の設計基準に用いられている数値で、車体断面の範囲を定めたものを指します。軌道や橋梁、トンネル、駅ホームなど多岐にわたる要素が関係するため、路線により細かな違いが設けられています。

5章
南海電気鉄道トリビア

写真提供：南海電気鉄道(2枚とも)

路線や車両に幅広い姿を描き出す南海電鉄は、その歴史や事業も多彩。住宅地開発に並行するアミューズメント展開の歴史。かつての名球団・南海ホークスと大阪名物・大阪球場。なかには知られざる姿や魅力が隠されているものも。もちろん、鉄道のユニークな企画も盛りだくさんです。5章では、そんな南海のトリビアをピックアップ！

南海電車まつりってどんなイベントなの？

毎年秋に、千代田工場で行われている南海ファンの感謝祭「南海電車まつり」。車内放送体験など子供に人気の催しもあれば、鉄道部品のオークションといった往年のファン垂涎の企画まで盛りだくさんの内容です。

電車が吊り上げられる光景は迫力満点。写真は2012年の南海電車まつり 写真提供：南海電気鉄道

車両吊り上げは大迫力で、子供も大人も大歓声をあげる！

　南海が毎年恒例の行事として行っているイベントに「南海電車まつり」があります。場所は、南海の車両工場である千代田工場です。「鉄道の日」（10月14日）に関連する催しですが、実際に行われるのは鉄道の日というわけではありません。2013（平成25）年は11月2日（土）、10時から16時までの開催（入場は15時30分まで）で入場は無料でした。

　さまざまなプログラムが用意されていますが、2013年は次のとおりでした。まずは記念撮影会。南海のオリジナルキャラクター「**ラピートくん**」を、持参のカメラで撮影することができました。次に、工場内の見学。整備中の車両・車両部品、レールなどを間近で見られます。ラピートの車内見学もできました。車輪着脱装置やマルチプルタイタンパー（軌道作業車、175ページ）の見学・実演、車両吊り上げの実演は迫力満点、多くの歓声があがりました。子供車掌体験も人気で、車内放送などを体験することができます。2013（平成25）年は2000系が使われました。

166

今の南海と昔の南海が
同時に満喫できる贅沢なひととき

日用品中心のオリジナルグッズから、実際に使われた鉄道部品まで

　各種物販では南海のオリジナルグッズを用意。鉄道模型やえんぴつ、ネクタイピン、マグカップ、ストラップ、ハンドタオル、コースターなどバラエティに富んだラインナップを展開しています。珍しいものとしては駅弁があります。

　鉄道部品即売会や作業用軌道自転車試乗も要注目。鉄道部品即売会はオークション方式で、駅名表示の看板や型番を表記したプレート、「南海電車まつり」の案内板などバリエーション豊かで、かなりの額で落札されるものもあります。

　「南海思い出ミュージアム」なるスペースもあり、いにしえの写真も多く飾られていました。デ101形や561形や1521形といった現在使われていない車両の写真もありました。

　千代田工場は千代田駅から約1km南に位置し、1982（昭和57）年に河内長野市にて南海唯一の車両工場として建設された施設です。千代田駅から徒歩で向かうことも可能ですが、「南海電車まつり」当日は河内長野駅から無料送迎バスが10～20分間隔で運行されていました。

レールファンはもちろん、家族連れも気ままに楽しめる「南海電車まつり」　写真提供：高橋 修

> **マメ蔵**　ラピートくん……特急「ラピート」のキャラクター。顔はラピートと似せており、象のような鼻が特徴。男の子キャラが「ラピートくん」でラピートと同じ青色。その女の子版でピンク色の「ラピートちゃん」もいます。

南海のテレビ・ラジオコマーシャルにはどんなものがあるの？

山ガールのマミ、写ガールのカナ、そして歴女のレナという3人娘による珍道中が、今の南海のテレビCMの代表です。一方で、沿線エリアでない中京圏や首都圏でも、観光客誘致のためにCMを流したこともあります。

自然あり、歴史あり、撮影スポットありが、ひと目でわかる楽しいCM

「なんかいいコト見つけ隊」という女性3人組・マミ、カナ、レナが登場するテレビCMに最近は力を入れているようです。マミは山ガール。自然に触れるとテンションが上がります。最年少のレナは歴女で、真田幸村をイチ押しにしています。カナは街並み、歴史的建造物、海や山のほかにマミやレナの一瞬の表情も見逃さない写ガールです。そんな3人が南海沿線で繰り広げる珍道中がCMになっています。

いくつかのバージョンがあるうち、「歴史編」は九度山駅が舞台。歴女のレナが真田幸村のことを語り続けるというシナリオです。

「アウトドア編」ではマミが先陣を切って光滝でキャンプ。岩湧山に登頂し、温泉や釣りのスポット、ハイキングコースを紹介しています。

一方、「和歌山編」は中年男性が主人公。「都会の暮らしに疲れたら和歌山へ」の言葉で始まり、熊野古道や南紀勝浦温泉などを探訪、世界遺産と癒しを自然あふれる和歌山で満喫するという内容です。

以上のCMはいずれも、「なんかいい、NANKAI」のキャッチコピーで締めくくるのがお約束です。

高野山、熊野古道、熊野三山といった名所旧跡と、南海グループの観光施設を紹介する和歌山編。「なんかいい、NANKAI」と最後を締める。資料提供：南海電気鉄道

中京圏、首都圏に対しても積極的に観光客を誘致していた

積極的なPR活動によって、南海電鉄やその沿線の魅力を広くアピール

関西の一部の局向けのCMもあれば、中京圏や首都圏に向けたCMも

　テレビ和歌山向けの南海グループのCMもあります。「大阪ゴルフクラブ」や熊野の渓谷を巡る船を運営する「熊野交通」、温泉が湧き出す島にあるホテル「中の島」などを紹介しています。

　以前はテレビ大阪で「南海スポットナウ」のタイトルが入ったCMなどもありました。近畿だけでなく中京圏や首都圏でも流されていました。

　『イブニング・ファイブ』という東京キー局のTBSのテレビ番組では、首都圏から高野山への誘致のためにスポンサーになっていたこともあります。このように、首都圏で関西の私鉄によるCMを放送するのは異例のことです。

　そのほか、南海グループでは撮影場所の提供を積極的に行っています。鉄道はもちろんのこと、南海グループが有するバスや路面電車、フェリー、ウォータージェット船、ゴルフ場、ショッピングモールなどを貸し出しています。大阪らしい場所が多く、バラエティに富んでおり、プロアマ問わず使えるのも魅力です。

> **マメ蔵**　**熊野交通**……南海グループの会社で、路線バスや貸切バスのほか、熊野地域の観光地を巡る定期観光バスや熊野川（志古）から瀞峡、志古などを巡る瀞峡観光ウォータージェット船の運航などを行っています。

5章　南海電気鉄道トリビア

169

南海の社歌ってどんな歌なの？

南海の社歌は、会社が再発足して間もなく制定されました。戦争により人・物ともに甚大な被害を受けましたが、歌詞からは南海電気鉄道という会社を再起できた喜びと期待が感じ取れます。

独立の喜びと希望を歌った社歌

　南海は1944（昭和19）年に国策によって関西急行電鉄と合併させられ、近畿日本鉄道が発足しました。これにより南海という会社は消滅しましたが、戦後の1947（昭和22）年2月15日に分離の調印が行われ、6月1日に南海電気鉄道株式会社が発足しました。

　社歌はその年の9月30日に制定されました。記録には社内懸賞募集と残っていますが、登録されている作詞者は詩人の南江治郎、作曲者は飯田三郎です。

　南海は、第2次世界大戦中に強制合併による会社消滅があり、さらに戦争で路線や施設は全私鉄でも最大といわれるほどの被害を受けました。「同じ世界の一人となって」や「みんなのために努めよう」といった歌詞からは、苦難の末に再出発した会社を一致団結して盛り上げていこう、という気概が感じ取れます。

南海電鉄社歌
作詞　南江治郎
作曲　飯田三郎

一、
同じ世界の一人となって
われらはともに南海の
希望にもえる一つの星だ
輝く輝く星座のもとで
みんなのために努めよう
誇り高し南海電鉄

二、
同じ地域の一人となって
われらはともに南海の
企業になう二輪の羽だ
伸びゆく伸びゆく大地を踏んで
みんなのためにがんばろう
理想は高し南海電鉄

三、
同じ社会の一人となって
われらはともに南海の
未来を拓くともし火華だ
開けゆく開けゆく光のなかで
みんなのために捧げよう
希望は高し南海電鉄

南海に乗ると明るくウキウキしながら
海や山へ向かえるように思わせてしまう歌

写真提供：南海電気鉄道（2枚とも）

社内誌「南海人」の1975（昭和50）年6月号の付録として付いた社歌のジャケット

社歌のレコードは、当時雑誌の付録などではやっていたソノシートに収められていた

沿線を歌ったPRソングも誕生

　南海では、1959（昭和34）年に「南海電車」というPRソングを作成しました。作詞と作曲が三木鶏郎、歌手が伴久美子でした。

　1番は、全体的な南海の雰囲気を歌っています。朝、南の陽を受けて、甘い明るい温かい若い人魚の歌声を乗せて走るという明るいタッチです。

　2番は南海線の走行区間である沿岸部を感じさせる歌詞です。「海は青いよ白い波」で始まり、キリン、ライオンという言葉が出てきて、動物園を持つみさき公園が登場します。

　3番の舞台は高野線。静かな山、杉が群がって立っている高野山と出てきて、弘法大師の昔をのせてと展開します。弘法大師とは、高野山を開拓した空海のことです。

　1〜3番いずれも当時のイメージカラーをまとった緑の電車が南の海を走っていくと締めくくります。緑の電車は現在走っていないので、昔に作られた歌であることを感じさせます。緑がベースの車両はかつての南海を象徴するカラーリングで、南海では初の**カルダン駆動**車である11001系やサハ4801形など往年のあらゆる車両が該当します。

　三木鶏郎は『ブギウギ列車』『田舎のバス』『マルキン自転車の歌』など乗り物にまつわる曲を生み出しています。彼の代表作『僕は特急の機関士で』に至っては、『東海道の巻』『九州巡りの巻』『東北巡りの巻』『北海道巡りの巻』というようにシリーズ展開されています。

> **マメ蔵　カルダン駆動**……鉄道の駆動系のひとつ。動力源をバネの上に設置し、自在継手を経由して車軸側の歯車を駆動させる方式です。実用化された当時、自在継手にカルダンジョイントが使われたことから、この名称が誕生しました。

5章 南海電気鉄道トリビア

南海の運転士と車掌はチームを組んで勤務しているって本当？

運転士と車掌を常に同じ人でペアにするというユニークな制度「乗組み制」を南海では導入しています。運転士の仕事を車掌が、車掌の仕事を運転士がサポートすることで、安全性向上と業務の迅速化が実現されています。

運転士がドアの開閉を確認、車掌が運転要注意区間で合図を出す

南海では、運転士と車掌がペアで業務をこなす「乗組み制」を採用しています。異動や昇進、退職、休暇取得をしない限り、そのペアでずっと組むという制度です。2人で協力し合うことで、安全でスムーズな輸送を行うのが目的です。勤務形態は4勤1休がメインです。

運転士も車掌も所属支区に出勤するところから一日が始まります。アルコール検査器で酒気帯びをチェックし、運転士と車掌がそろって出勤点呼を受けます。この時に監督者から、勤務当日の運転、営業、乗務する系統についての伝達事項や注意事項を聞き、心身の状態を厳しくチェックされます。その後、系統行路に従って乗務につきます。

運転士は車両の安全運転に努めます。一方で車掌はドアの開閉や車内放送、空調管理や車内巡回も欠かさないようにします。運転士が車掌によるドア開閉の確認を協力したり、車掌が運転で注意したい区間で運転士にベルで合図して注意を促すといったことも行うのです。南海の「乗組み制」はこうしたお互いの業務を補完し合うところに意味を持ちます。

乗務が終了すると所属支区で業務報告、次の勤務の出勤時間などを確認して退出点呼を受けます。これで一日の仕事が終わります。

息の合ったコンビによって安全性を高めることを狙いとする「乗組み制」。現場における重責を分かち合う南海電鉄独自の制度だ

運転士と車掌が一心同体となって安全性と迅速性を高めている

充実した教育制度によって乗務員のスキルを向上

　乗務員の資質向上のために、乗務員への教育制度も充実させています。年間で運転士は15時間、車掌は12時間受けることになっています。車庫での現車車両についての勉強、運転や営業全般に関わる教育が主体です。新人には追跡教育も加えます。

　車掌は車内放送のスキル向上のために、アナウンス専門の外部講師によるアナウンス定期研修を受けます。この研修は駅員も参加し、わかりやすいアナウンスの向上に努めています。

　運転士に対しては、運転スキルだけでなく、身だしなみなどの接遇の向上のために、マナー専門の外部講師らによるサービス向上研修を実施しています。また運転士には、過去の事故とその反省点を教育することで、今後留意すべきことの発見や運転士としての責任の再確認をしてもらう機会を与えています。

運転士と車掌の息の合った連携により、南海電鉄の安全運転は推進されている

> **マメ蔵**　**所属支区**……担当する区間により全部で6つに分けられます。南海線と高師浜線を担当する堺支区、南海線と多奈川線を担当する泉佐野支区、高野線と汐見橋方面を担当する難波支区などがその一例です。

南海の列車の安全を守る保安装置にはどんなものがあるの？

速度オーバーを管理するATSや踏切内の障害物を検知する装置で、日常的に起こりうる災害を未然に防いでいます。また、地震やワンマン列車の運転士の急病といった緊急事態にも対応できるようになっています。

ワンマン列車の緊急時に幅広く対応するシステムを導入

　衝突や脱線など大事故を未然に防ぐシステムに自動列車停止装置（ATS）があります。南海では、ここに地上速度照査式点制御方式を採用しています。これは、列車の速度が速すぎる場合に非常ブレーキを自動的にかけるシステムです。

　速度照査には、地上子と呼ばれる装置を使います。列車が通過すると地上子がその時刻を検知します。2つの地上子間を通過することにより、列車の速度（＝2点間の距離÷時間）がわかるわけです。

　高野線の岸里玉出～極楽橋間以外の区間では、1994（平成6）年に列車運行管理システム（PTC）を更新。これは、列車位置や信号機の状況などを指令員が一括監視できるシステムです。

　運転士が倒れたり意識がなくなったりした際にはデッドマン装置というものが起動し、列車を自動的に停止させます。これは、運転中に必ず保持していなければならないレバーやペダルが、万一の際に操作されないことに反応して自動ブレーキをかけるシステムです。また、南海線の車両には防護無線設備も導入されています。

線路上には地上子が設置されていて、列車の通過を検知する。駅に進入する手前には、特に多く敷設されている

気象庁と南海で独自に設置した地震計の併用で、地震災害に備える

踏切に設置された障害物検知装置

地震や障害物対策も万全

　踏切には、車や人間の侵入に備えて踏切障害物検知装置を採用しています。発光器と光線を受ける受光器からなり、両者間に作られた光線の網を監視することにより障害を検知するわけです。

　また、2006（平成18）年からは緊急地震速報システムを導入。「震度5弱以上の揺れが沿線に到達する」と推測される初期微動（P波）が気象庁で観測された場合と、沿線7カ所に設置された地震計の複数が震度4以上の揺れを観測した場合に作動。無線が各列車に発信され、それを受けた運転士は緊急停止をします。

　その他、線路のメンテナンスを行う**マルチプルタイタンパー**やレール削正車、無人駅をカメラなどで遠隔管理、団体利用客の重なりで列車が混雑するのを防ぐため予約を調整するシステムなど、さまざまな装置やシステムによって南海は安全性を高めているのです。

> **マメ蔵** **マルチプルタイタンパー**……砕石を敷き詰めた層である道床を整える機械。南海ではスイスのマチサ社製、オーストリアのプラッサー＆トイラー社製のものを使っています。年間稼働延長は、2006（平成18）年で約170kmでした。

鉄道を補完する南海グループの バス会社にはどんな会社があるの？

南海グループではバス事業を行い、広範囲の路線網で鉄道を補完する役割を果たしています。関西と四国を結ぶ高速バスと関西国際空港へのアクセスバスが充実していることも特徴といえるでしょう。

鉄道と連携して運行される路線バス

鉄道網の拡大と並行して進化してきた

　1928（昭和3）年、和歌浦急行を設立したことにより、南海電鉄は自動車事業を開始。同時に、この会社は南海の関連会社第一号となりました。以来、鉄道を補完する役割と競合する鉄道並行路線バスを自社勢力下におさめる目的で、沿線バス業者の営業路線を買収し、直営化を進めてきました。1938（昭和13）年には傍系会社として南海乗合自動車を設立。しかし、太平洋戦争末期の戦災で大きな被害を受けたことなどから自動車事業のみでは経営が難しくなり、1948（昭和23）年に直営の南海電気鉄道自動車部として再編されています。その後は営業規模を急拡大させ、路線網は南大阪、和歌山市、紀北地方（和歌山県北部）一帯へ及ぶことになりました。そして、2001（平成13）年に南海電気鉄道自動車部から、南海電気鉄道の100％子会社として分離した南海バス株式会社が設立されました。

乗客のニーズを幅広くフォロー
ビジネスやレジャーにも便利

空港アクセスや都市間輸送にも進出。鉄道だけではカバーしきれないルートをバス路線が担っている

新時代の南海四国ラインも

　南海グループのバス会社には、他にも和歌山バス、南海りんかんバス、関西空港交通、御坊南海バス、徳島バス、四国交通などがあります。業態的には、路線バス、高速バス、空港アクセスバスに大別されます。

　路線バスは、南海電鉄と泉北高速鉄道の路線のエリアを中心に、すみずみまで路線網が張り巡らされ、日常生活の足として活躍しています。

　高速バスは、関西から関東方面と長野や新潟方面に向かう路線が夜行で運行しているほか、関西と四国（徳島・高松など）とを結ぶ昼行便があります。後者は、南海・徳島・阪神・阪急・高松エクスプレスバスの共同運行で、全体では1日38.5往復（2014年4月現在）にもなります。**明石海峡大橋**が完成して以来、同橋を渡るのが関西と四国を結ぶメインルートになっています。

　空港アクセスバスは、関西国際空港と関西地域を結ぶほか、中部、中国地方に至るまでの路線があり、大阪駅、難波、京都、神戸、奈良、和歌山、徳島、高松、岡山、名古屋などと結んでいます。

> **マメ蔵**　**明石海峡大橋**……1998（平成10）年に開通した全長3,911mの世界最長の吊り橋です。神戸市垂水区と淡路島の淡路市との間に架けられています。主塔の高さは海面上298.3mあり、あべのハルカス（高さ300m）とほぼ同じです。

5章　南海電気鉄道トリビア

なんばCITY・なんばパークスってどんな商業施設なの？

難波駅で1日に抱える約25万人の乗客（2012年）をターゲットに、南海は大型商業施設を設けています。旧西武流通と作った「なんばCITY」と、斬新なデザインが印象的な「なんばパークス」がそれです。

南海以外の乗客まで取り込む「なんばCITY」

　南海が手がけるショッピングモールで代表的なのが、「なんばCITY」と「なんばパークス」です。どちらも難波駅に隣接しています。

　「なんばCITY」は地上2階から地下2階まである本館と、地上2階から地下1階まである南館の2つで構成されています。南海は百貨店を傘下に持たないことから、後のセゾングループとなる西武流通グループの支援を受けて造られました。1978（昭和53）年に一部が開業し、1980（昭和55）年に全館がオープン。2011（平成23）年に髙島屋大阪店が全館グランドオープンしたのに合わせ、リニューアルを実施しています。

　「なんばCITY」の地下1階には大きな広場「ガレリアコート」があり、イベントを随時開催。JR関西本線、近鉄大阪線、阪神なんば線、地下鉄各線の難波駅からも近いため、これらの駅の利用者も容易にアクセスできます。

難波駅に併設されている「なんばCITY」

大阪随一の繁華街・難波のど真ん中に自然と触れ合える大型商業施設が鎮座

駅をより魅力ある空間へ…

かつて大阪球場があった難波駅前をリニューアルした「なんばパークス」

歴史を刻んだ大阪球場が、最新鋭のデザインの「なんばパークス」に変貌

　「なんばパークス」は、かつて存在したプロ野球球団「南海ホークス」の本拠地・大阪球場の跡地に作られました。2003（平成15）年に一部が、2007（平成19）年に全館が開店。2005（平成17）年までは子会社の南海都市創造が経営していたものの、2010（平成22）年からは南海の直営となります。

　デザイナーには、六本木ヒルズやキャナルシティ博多も手がけたアメリカ人のジョン・ジャーディを起用。外観を大渓谷に似せ、壁面は壮大な時間と地層を模すという斬新なデザインに仕上げられています。

　地上10階から地下3階までの巨大な建造物で、植物が至るところに植えられているのが大きな特徴。約500種、約7万株の植物が段丘状の場所で植えられています。2階には、大阪球場時代のホームベースとピッチャープレートがあった位置に、記念プレートが埋め込まれています。

　ショップやレストランのほか、シネコン、クッキングスタジオも入居しており、なんば高速バスターミナルと連結しています。マザー牧場のショップや、ジミー大西制作のモニュメント「天海の輝き」なども好評のようです。

> **マメ蔵**　**ガレリアコート**……以前は「ロケット広場」と呼ばれており、静止衛星「きく2号」を打ち上げた「N-Iロケット」の模型が飾られていました。しかしこの模型は、2007（平成19）年8月に撤去（発射）されてしまいました。

昭和初期の豪壮な建築が健在！南海ビルに入る髙島屋大阪店

難波駅に隣接して建造された「南海ビルディング」は昭和初期の重厚感ある歴史的建造物。その大半を髙島屋大阪店が占めています。難波駅と髙島屋大阪店は、80年以上の歴史をともに歩んできたのです。

クラシックなデザインを堅持し続ける難波の駅ビル（南海ビル）には髙島屋大阪店が入居している

テラコッタタイルとコリント様式が目を引く難波のランドマーク的存在

　難波駅に隣接するかたちで、1932（昭和7）年に完成したレトロな建造物の「南海ビルディング」があります。設計者は建築家の**久野節**、施工は大林組が担当しました。

　乳白色のテラコッタタイルを使い、コリント様式のレトロ感を強調したたたずまいは、難波の街でひときわ異彩を放っています。2001（平成13）年には「近畿の駅百選」認定駅に選出、2011（平成23）年には国の登録有形文化財に認定されました。

　南海ビルディングの地下1階から地上9階までを髙島屋大阪店が占めています。髙島屋大阪店は、日本の百貨店として初めて冷暖房を完備するなど、時代をリードする存在でもありました。

　以前は駅舎と一体化しており、開業当時にはホームが1階部分にありましたが、1938（昭和13）年に高架複々線が完成すると2階に移動。その後、1980（昭和55）年の改装によって駅舎は南に移動し、髙島屋大阪店や銀行などが入居しています。

「近畿の駅百選」認定駅、大阪市都市景観資源に選ばれた由緒ある店舗

難波駅周辺の再開発に伴い、増築を実現

　2007（平成19）年の難波駅周辺の再生計画に合わせ、既存ビルの東側に位置していた髙島屋の事務施設5棟を取り壊してTE館を増設（その後に本館を一体化）。約2万2,000㎡の面積増となりました。

　髙島屋は国内に20店舗、海外に3店舗を構えていますが、本社の所在地はこの大阪店です。1831（天保2）年に京都で飯田新七が古着・木綿商を開くものの、義父の儀兵衛の出身地である滋賀県高島郡（現・高島市）から髙島屋と名づけられました。後に髙島屋呉服店として大阪の長堀橋で店舗を構えますが、1932（昭和7）年に難波に移り、東洋一の規模を誇る百貨店としてオープンしました。

　ショーウインドウを早くから導入したり、主要駅周辺ではない郊外店として玉川髙島屋S・Cを成功させるなど、髙島屋は歴史もありながら新たな試みも欠かしません。2013（平成25）年には女性型のロボット店員「ミナミ」が「髙島屋大阪店」で接客にチャレンジ。商品説明とともに、顧客に合わせたカラーリングを提案するなど、ユニークな性能が注目されています。

難波の顔として長年親しまれてきた南海ビル

マメ蔵　久野節……1882（明治15）年大阪府堺市生まれ。東京帝国大学建築学科を卒業し技師として活躍し、1920（大正9）年に鉄道省の初代建築課長に就任。鉄道省退官後は東武浅草駅の設計などを手がけ、1962（昭和37）年に死去。

5章　南海電気鉄道トリビア

南海が他鉄道各社と連携したサービス・PRを行っているって本当?

南海で京阪の沿線情報を、京阪で南海の沿線情報を紹介。このように、お互いの宣伝を行う企画を関西の大手私鉄同士で行ってきました。また、関東の私鉄、山岳路線を有する私鉄とのコラボにも積極的です。

フリーペーパーや広告を、お互いの沿線に置かせてもらう

　他の鉄道会社とのコラボに、南海は積極的です。

　京阪電気鉄道（以下、京阪）とは特に連携が強く、南海発行のフリーペーパー「NATTS」を京阪沿線に置いてもらうのと同時に、京阪のフリーペーパー「K PRESS」を南海沿線に置いています。

　2008（平成20）年には「京阪・南海ええとこどりプロジェクト」と銘打ってお互いの沿線の魅力をアピールし合うキャンペーンを実施。ポスターやチラシ、情報誌などを活用して、「京阪沿線から堺・和歌山・高野山方面へ」「南海沿線から京都方面へ」を活性化させるのが狙いで、京阪、南海と泉北高速鉄道、大阪市交通局を含めた企画乗車券も登場しました。現在では「京都みやこびと1dayチケット」として発売されています。

　同様の試みは、近畿日本鉄道（以下、近鉄）や阪神電気鉄道（以下、阪神）、大阪市交通局とも行っています。近鉄とは、「Nan×Kin めぐるーと」という名称でキャンペーンを行い、近鉄沿線の情報誌「近鉄ニュース」も活用されました。近鉄とは、難波駅と河内長野駅で連絡するという地理的条件も活かされています。

南海では常に企画の情報発信を展開。駅頭のチラシコーナーはぜひチェックしておきたい

路線ごとのロケーションを活かしたアイデアで鉄道ならではの魅力の発掘に取り組む

高野線を走る23000系の車内に掲出されている「全国登山鉄道‰（パーミル）会」ポスター。‰は勾配を表す単位

吊り広告の設置やカフェの開店などで、首都圏からも観光客を誘致

　阪神とはウォーキングイベントの共同開催などを行っていましたが、阪神なんば線開業後は難波駅での連絡ができるようになったため、連携がさらに活発になりました。

　また、コンビニエンスストアの「アンスリー」は、京阪と共同経営しています。かつては阪神も参加していましたが、今は阪神沿線に店舗がありません。3社の共通文字が「AN」であり（KEIHAN・NANKAI・HANSHIN）、それが3つ（three）あること。標語である「安心」、「安全」、「安らぎ」という3つの「安(AN)」。これらが、店名の由来となっています。

　関東でもPRには意欲的。京浜急行電鉄や東京都交通局などと共同で、吊り広告などで沿線の名所や割引切符の宣伝をしています。東京の南青山や丸の内等で「高野山カフェ」を例年開催しています。

　2009（平成21）年には、同じく山岳路線を有する私鉄（神戸電鉄、叡山電鉄、大井川鐵道、箱根登山鉄道、富士急行）とで「全国登山鉄道‰（パーミル）会」を結成。先と同様のコラボPRを展開しています。

> **マメ蔵** **NATTS**……飲食店や観光スポットをメインに、南海沿線の情報を載せたフリーペーパー。音楽、映画、本のランキングや占いなども盛り込まれています。発行は南海で、製作は京阪神エルマガジン社が行っています。

南海が経営する遊園地・観光施設にはどんなものがあるの？

南海線沿線の「みさき公園」は、動物園や遊園地、プールを有するテーマパークで親子連れに人気。一方で、熊野の古道巡りの拠点になる「古道歩きの里ちかつゆ」は、中高年やパワースポット好きに注目されています。

みさき公園名物のイルカショー。アトラクションだけでなく1日をゆったりと過ごせるのも人気のひみつ

年齢制限や身長制限があまりないから、小さな子供がいても存分に楽しめる

　南海沿線はもちろんのこと、沿線から外れたエリアでも、観光やレジャーの施設を南海グループでは運営しています。

　特に規模が大きいのが、「みさき公園」。動物園や遊園地、プールなどを備えた大型レジャー施設です。イルカのショーが大阪で観られるのは、ここだけになっています。

　動物園には約70種類の動物が飼育されていて、キリン、ライオン、アカカンガルー、レッサーパンダ、アルマジロ、シロクジャクなどが待っています。ニホンザルとツキノワグマについては餌の自動販売機があるので、餌やり体験が手軽にできます。

　遊園地には、ジェットコースター、観覧車、急流すべり、巨大迷路など約50種類のアトラクションを用意。そのほか、キリンへの餌やりやイルカとの記念撮影、スーパーボール作りといった科学体験教室もあり、子供と一緒に楽しめるイベントも随時開催中です。

家族連れやグループ、カップルなど
幅広い層で楽しめるアミューズメント施設

5章 南海電気鉄道トリビア

熊野の特産品にも出合えるのが「古道歩きの里 ちかつゆ」の魅力

　南海グループでは、熊野の古道巡りに便利な「古道歩きの里　ちかつゆ」も経営。熊野の古道の中心部に位置し、古道歩き体験のほか、おみやげや食事処もそろえています。

　うすかわ饅頭、もなか、そら豆の煎餅などの銘菓、紀州の梅使用の梅干しや梅酒、醤油発祥地（湯浅）で昔ながらの製法で作られた味噌や醤油、備長炭を使った匂いとり袋といった地元の特産品が買えます。

　食事処では、熊野牛や和歌山みかんを取り入れたメニューを用意。古道歩きをする場合は、古道の入口まで専用バスで送迎してくれます。古道中の見どころとしては、**後鳥羽上皇**が和歌会を開いたといわれる近露王子、国の重要文化財の黒漆小太刀を祀る滝尻王子などがあります。

熊野の特産品を販売したり、味わえる「古道歩きの里　ちかつゆ」。駐車場も広く、車で出かけた際の立ち寄り所としても最適
写真提供：南海電気鉄道（2枚とも）

マメ蔵　**後鳥羽上皇**……平安時代末期から鎌倉時代初期を生きた第82代天皇。執権の職に就いていた北条義時を追討しようと承久の乱を起こしますが、幕府の大軍に完敗。隠岐島への島流しを命じられ、その直前に出家し法皇になりました。

南海グループが開発したニュータウン・街並みにはどんなものがあるの？

高野線沿線で大規模な宅地開発を行ってきたことにより、金剛駅は特急も停まる駅にまで成長し、高野線は南海本線を超える乗客数を抱えるようになりました。物件については、阪急や近鉄の沿線でも所有しています。

約700ha、最終居住人口5万人と、民間企業による開発では、当時最大規模を誇った南海橋本林間田園都市　写真提供…南海電気鉄道

林間田園都市駅、金剛駅周辺の開発で街並みは大きく変貌

　南海が初めて**宅地開発**を行った地は初芝駅周辺で、1935（昭和10）年から売り出されました。駅名にもなっている初芝は、社内公募で決まったといわれています。

　1966（昭和41）年には大阪府などと泉北ニュータウンの建設を始め、大阪府は南海に対しニュータウンへアクセスする鉄道の敷設を求めます。しかし建設費などから採算が取れないと考えた南海はこれを拒否。交渉の結果、大阪府都市開発が鉄道の建設と経営を担い、運転や保守を南海が委託するという珍しい方式をとることになりました。こうして1971（昭和46）年に泉北高速鉄道が開業することになりました。

　1968（昭和43）年には、当時の民間資本としては最大規模となる狭山ニュータウンを分譲します。1976（昭和51）年には紀見峠周辺で南海橋本林間田園都市の造成工事を開始。住宅関連の大手17社との共同開発という大がかりな手法で進みました。

　金剛駅周辺でも大規模な宅地開発が進み、今や金剛駅は特急を含め全列車が停車し、1日の平均乗降客数は南海の全駅の中で第6位（2012年の集計による）となるまでに成長しました。

大手の住宅関連企業と協力し合うことで
大規模かつきめ細かい開発を行う

交通の便や居住性の高さを見据えた物件を多数持つ

　現在、南海グループの傘下にある不動産会社には、南海不動産、南海リハウスがあります。

　南海不動産は、南海沿線をメインに分譲、注文住宅の受注、賃貸、リフォームをすべて行う企業。新築戸建てでは、三国ヶ丘、熊取、林間田園都市、金剛駅周辺で展開。完売したエリアもあります。新築分譲マンションは七道駅が最寄りの「ブランズ・ヴェリテ」のほか、阪急京都線、近鉄大阪線沿線でも建設しました。賃貸マンションは堺駅、泉佐野駅、天下茶屋駅といった交通の便に優れた駅から近い場所という好立地に所有しています。リフォームについては、最長で10年の保証がつく手厚いものになっています。

　南海リハウスは三井不動産リアルティと南海との共同出資で誕生した企業で、2011（平成23）年の1月から営業を開始したばかり。大阪南部を中心に住宅の仲介事業を主に手がけています。店舗は、なかもず店、堺東店、泉ヶ丘店、金剛店の4つです。

高野線沿線は宅地開発が著しく、府県境を越えた和歌山県側にも広大なニュータウンが造成されている

> **マメ蔵** **宅地開発**……鉄道の利用者数を増やすため、多くの私鉄では沿線の宅地開発を進めています。南海では高野線沿線の宅地開発を積極的に展開したこともあって、輸送人員の55％を高野線がマークしています。

南海グループのホテルや宿泊施設にはどんなものがあるの?

南海グループは、紀伊半島に観光ホテルや鉄道会社では珍しい国民宿舎を保有しています。難波駅の真上には「スイスホテル南海大阪」というシティホテルもあり、さまざまなニーズに応えています。

南紀屈指の観光地で古くから親しまれてきた

　鉄道会社はホテルなどの宿泊施設を経営している場合が珍しくなく、南海グループにも宿泊施設があります。

　南海グループの「ホテル中の島」は、和歌山県那智勝浦町にあります。一島一館の温泉宿として知られ、JR紀勢本線の紀伊勝浦駅最寄りの港から専用の渡し船でアクセスするというユニークなホテルです。ホテルの立つ中の島は勝浦湾の入り口にあり、島全体がホテルの所有。渡し船に乗って3分ほどでホテルの玄関に到着します。

　ホテルは海面に張り出すように建てられており、すべての客室がオーシャンビュー。また、海岸の一角につくられた露天風呂「紀州潮聞之湯」は、海原に溶け込むかのように源泉掛け流しの温泉が楽しめる中の島観光のハイライトともいえるでしょう。世界遺産の熊野古道や那智の滝など**吉野熊野国立公園**の主要な観光地へのアクセスのよさも見逃せないところです。

島全体がホテルの所有地、というユニークなホテル中の島　写真提供：南海電気鉄道

国民宿舎からシティホテルまで
南海の多様性を物語るラインナップ

ターミナルに位置する高層ホテルも

　そのほか、南海グループでは和歌山県すさみ町にある国民宿舎「枯木灘（かれきなだ）すさみ」を保有しています。全客室から海を眺められ、海水浴場まで徒歩3分ほどというロケーション。温泉があり、料理はふんだんな海の幸を味わえるのが魅力です。比較的安価に利用できることから、グループ客や釣り人などにも親しまれている宿です。

　一方、世界的な高級ホテルチェーン「フェアモント ラッフルズ ホテルズ インターナショナル」が経営する「スイスホテル南海大阪」は、南海グループではないものの、南海が建物を保有しています。難波駅を覆う形で高さ147mの南海サウスタワービルが立ち、その中に入っているシティホテルです。28室のスイートをはじめ548室を持ち、有名レストランやカフェも完備。ビジネスからレジャーまで幅広く対応しており、大阪ミナミの中心で贅沢な時間を過ごせるでしょう。

難波駅の上にそびえ立つスイスホテル南海　写真提供：南海電気鉄道

> **マメ蔵　吉野熊野国立公園**……奈良・三重・和歌山の3県にまたがる国立公園で、1936（昭和11）年に指定されました。桜と史跡で知られる吉野山から世界遺産に登録された紀伊山地の霊場や熊野古道を含め、広さは5万9,793haにもなります。

5章　南海電気鉄道トリビア

南海電鉄の鉄道模型・鉄道グッズにはどんなものがあるの?

歴史が長く、路線も長い南海電鉄は、細密な鉄道模型など鉄道ファンでなくても手元に置いておきたいと思わせる魅力的な鉄道グッズが多数ラインナップされています。どのようなものがあるのか、見ていきましょう。

楽しい車両レプリカも

　まず**鉄道模型**・Nゲージ (縮尺1/150) を見ていきましょう。

　大手メーカーのトミーテックでは、TOMIXブランドで国鉄直通車両キハ5501形・5551形をラインナップ。同ブランドから発売されている国鉄キハ58系と連結させていにしえの急行「きのくに」を再現できます。

　これまで製品化に恵まれなかった車両を得意とするマイクロエースは、50000系「ラピート」や20000系「こうや」などの特急車両をはじめ、通勤車両の6100系や7100系など、新旧多彩な南海車両を発売。

　また、TOMIXとは別にトミーテックが展開する「鉄道コレクション」(鉄コレ) というシリーズでは、Nゲージサイズのディスプレイ用の車両 (別売のユニットを使い走行するモデルにできる) を展開中です。その中に1000系、21000系 (ズームカー)、22000系などがあります。

　私鉄車両を得意とするグリーンマックスが発売する10000系「サザン」にも注目したいところです。

ノスタルジックなヘッドマークをかたどったコースターは手軽なお土産にも最適

鉄道模型はもちろん、ステーショナリーなど日用品までそろう

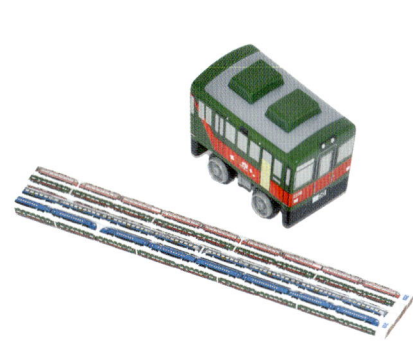

チョロQなどのおもちゃやステーショナリーも人気

難波駅2階にあるグッズコーナー

ネットでの購入も可能

　HOゲージ（縮尺1/80、ゲージ16.5mm）では、カツミから20000系「こうや」（完成品）が発売されています。

　鉄道模型は再生産されないことが多いため、メーカーの在庫切れもしばしば。新発売や中古品の情報をこまめにチェックするのが入手の早道かもしれません。

　南海の鉄道グッズは、2014（平成26）年3月現在、多数ラインナップされています。プラレールの「サザン・プレミアム」や車体をデフォルメした「Bトレインショーティー」の1000系、2300系、30000系「こうや」などは楽しいアイテム。他にも南海の車両をデザインしたマフラータオルやハンドタオル、えんぴつセット、ネクタイピン、ラピート型のスプーン・フォーク、マグカップなどがあります。これらのグッズは、難波駅2階の駅サービスセンターやインターネットの鉄道グッズ販売サイト「きまぐれ鉄道ぶらり旅 オンラインショップ」で購入できます。

> **マメ蔵**　鉄道模型……ヨーロッパで19世紀に登場して以降、世界中で親しまれている趣味です。ゲージ（線路の幅）は世界共通の規格です。日本での最古の例は、幕末にプチャーチンやペリーが持ってきたという記録が残されています。

5章　南海電気鉄道トリビア

南海がプロ野球球団を経営していたって本当？

南海電鉄は半世紀にわたって南海ホークスという球団を経営していました。リーグ優勝12回、日本一2回という名門チームでした。水島新司氏の漫画『あぶさん』の主人公が在籍していたという設定もありました。

大勢の観客で賑わう大阪球場。写真は南海ホークス最後の試合 写真提供：南海電気鉄道

関西私鉄3番目のプロ野球チームとして誕生

　現在、プロ野球球団を持つ鉄道会社は西武鉄道と阪神電鉄だけですが、南海電鉄も1988（昭和63）年まではプロ野球球団を経営していました。

　南海電鉄が球団、南海軍を創設したのは1938（昭和13）年。戦前は戦績がふるわなかったものの、戦後は強豪球団として躍進していきます。

　球団名を近畿グレートリングと改めた1946（昭和21）年の戦後最初のペナントレースで優勝。初の悲願を果たします。翌年の1947（昭和22）年、オーナー会社が近畿日本鉄道から分離し南海電鉄として独立したことを機に球団名を南海ホークスに変更するとともに、チームカラーをグリーンに一新。1948（昭和23）年には2度目の優勝を飾ったのです。

　1950（昭和25）年にセ・パ2リーグ制になって以降、南海ホークスはパリーグに所属し、鶴岡（山本）一人監督の指揮下で快進撃を始めます。その結果が、1951（昭和26）年からの5年間で4度にのぼるリーグ優勝でした。しかし、日本シリーズでは読売ジャイアンツの壁をなかなか乗り越えることができず、あと一歩のところで日本一を逃し続けます。「ナンカイやっても勝てない南海」と揶揄された時代でした。

悲願の日本一達成の時代を経て
チームは別天地で活躍を続ける

「ビールかけ」はホークスがルーツだった！

　壁を撃ち破ったのは1959（昭和34）年シーズン。エース杉浦忠と野村克也らの活躍でリーグ優勝を果たし、日本シリーズでも読売ジャイアンツに4連勝して念願の日本一に輝いたのです。優勝のビールかけを最初に行ったのは、この時の南海ホークスです。優勝パレードは御堂筋で行われ、ファンが20万人以上が集まりました。

　1964（昭和39）年以降もリーグ3連覇を果たし、1970（昭和45）年からは野村克也が監督兼4番兼捕手を務めAクラスの成績を残しますが、野村が監督を解任されて以降は弱体化し、Bクラスが常連の球団になってしまいました。そして南海ホークス創設50周年の記念すべき年の1988（昭和63）年にダイエーへの球団譲渡が決定され、本拠地も福岡へと移ることが決まりました。2005（平成17）年にはソフトバンクが球団を買収し、現在の福岡ソフトバンクホークスとなっています。

南海ホークス栄光の時代をしのぶ

マメ蔵　鶴岡（山本）一人……1939（昭和14）年に南海軍に入団しました。戦後は選手兼監督として活躍し、「鶴岡親分」と慕われていました。「南海を語ることは鶴岡を語ることであり、鶴岡を語ることは南海を語ることである」といわれます。

5章　南海電気鉄道トリビア

南海ホークスの本拠地、大阪球場ってどんな球場だったの?

南海ホークスの本拠地、大阪球場は繁華街のど真ん中に位置する球場で、数々の熱戦が繰り広げられました。晩年には野球とは関係のない役割をこなすなど、波乱万丈の人生(球場生?)を送ります。

大阪の名球場として君臨

　大阪の繁華街・難波には、かつて南海ホークスが本拠地とした大阪球場(正式名・大阪スタヂアム)がありました。
　それまで、本拠地として中百舌鳥球場を持っていましたが、立地の悪さなどから敬遠されがちになり、試合の多くは阪神甲子園球場や阪急西宮球場で実施されていました。公式戦にふさわしい本拠地がほしい。そんな松浦竹松球団代表と鶴岡一人の熱意に応えたのが、野球好きで知られたGHQのマッカート少将とキャピー原田でした。新たに、南海の球場を大阪に造ることに協力してくれることになったのです。
　1950(昭和25)年9月、難波駅の目の前に巨大な球場が姿を現しました。設計はル・コルビュジエの弟子として知られる坂倉準三の事務所です。繁華街のど真ん中であるため設計に無理をした部分があり、グランドをはるか下に見下ろす急傾斜のスタンドは「すりばち型」と呼ばれて、大阪球場の名物になりました。戦災の焼け跡が残る街に現れた大阪球場は大阪市民を驚かせ「昭和の大阪城」と呼ばれ復興のシンボルとなります。開場の翌年、1951(昭和26)年には関西初のナイター設備が設けられ、東の後楽園と並ぶ野球の聖地として発展していきます。

わずかに残された大阪球場の名残り。都心のど真ん中にある人気球場だった

幾多の名勝負とドラマを生み出してきた伝統のスタジアム

「なんばパークス」として再出発

　南海ホークスの本拠地・大阪球場への足としても活躍した南海電鉄では、選手のブロマイドと球場の入場券がついた割引乗車券の発売や、和歌山へのノンストップのナイター列車の運行が行われたことがありました。

　大阪球場では数々の名場面が生まれました。その代表として1979（昭和54）年11月4日の日本シリーズ広島対近鉄戦を挙げることができるでしょう。「江夏の21球」として語り継がれている試合です。

　1988（昭和63）年、南海ホークスはダイエーに譲渡され大阪球場を去りました。その後大阪球場は解体されるはずでしたが、スタンドやスコアボードはそのままに、グランドに大小の住宅を敷き詰めた住宅展示場となってしまいます。再開発計画とともに解体が完了したのは2003（平成15）年初頭で、主を失って10年以上の月日が経っていました。跡地は複合商業施設の「なんばパークス」となりました。

ありし日の大阪球場と難波に到着する南海電車　写真提供：高橋 弘

> **マメ蔵**　江夏の21球……1979（昭和54）年の日本シリーズ第7戦における広島のエース・江夏豊の力投を描いた山際淳司のノンフィクション。4対3と広島リードで迎えた9回裏に登板した江夏と近鉄打線との戦いはプロ野球名場面のひとつ。

南海グループの老人ホームや生花店があるって本当？

南海グループは、南海電気鉄道を中心に老人ホームから生花店、ゴルフ場、広告代理店、コンビニに至るまで多様な業種を展開する企業グループです。どのような業種があるのか、みていきましょう。

意外な事業を手がけているのも大手私鉄らしい

南海グループの意外な業種とは？

　南海グループでは、さまざまな生活サービスを提供しています。阪堺電気軌道の我孫子道停留所に隣接する我孫子道車庫の敷地内の一部には、有料老人ホームの「南海ライフリレーション あびこ道」があります。一人ひとりが輝ける住まいとして「安心・安全・快適」な〈最幸〉のサービスを提供することで、入居者と心豊かな関係をつむぐことを理念としています。周辺には大阪の下町情緒があり、交通の便がよく入居者の家族が訪れやすい立地にあります。

　また、生花店「ブルーム南海」も南海グループの展開。大阪府を中心に髙島屋大阪店や和歌山市などに店舗を構えています。豊富な品ぞろえとスタッフの行き届いた心配りが好評です。

多業種展開にみられる地域密着
鉄道だけではない南海の魅力を再発見

鉄道会社ならではの関連業種も

　その他、南海グループには以下の企業などがあります。
　下表に示したように、その業態も多岐にわたっています。駅構内などで日常的に利用する機会の多い業種もあれば、通常はほとんどなじみのない事業もみられます。こうして幅広い事業を展開することによって、南海は沿線地域の社会や暮らしを支えているともいえるでしょう。
　このうち、「南海印刷」は乗車券印刷などを請け負っており、とりわけ鉄道会社グループらしい関連企業といえるかもしれません。

南海グループ企業（順不同）

社　名	業　種
南海保険サービス	保険代理店
アピック	徳島県下でレンタルショップTSUTAYAの店舗経営
グリーフサポート	「葬儀会館ティア」経営
南海不動産	不動産業
南海フードシステム	コンビニエンスストア「アンスリー」や「無印良品」などのフランチャイズ経営
新南海ストア	婦人服・靴・アクセサリー販売
南海エクスプレス	国際物流
ブルーム南海	花卉販売
南海商事	宝くじ販売、駅構内売店
橋本カントリークラブ	ゴルフ場
大阪ゴルフクラブ	ゴルフ場
南海リハウス	不動産業
南海リテールプランニング	雑貨、アクセサリー販売
アド南海	広告代理店
南海印刷	印刷業
南海ライフリレーション	老人ライフケア

> **マメ蔵**　**グループ企業**……資本において親子関係のある企業群のことをいいます。南海グループの場合「南海電気鉄道」が親会社です。企業間で相互に株を持ち合ったり人的な交流や技術の交流があるのが普通です。

6章
南海電気鉄道の歴史

写真提供:高橋 修

大阪府南部から和歌山県北部をエリアに幅広いニーズを
カバーする南海電鉄。その歴史は、現存する私鉄の中で最古。
時代の荒波と社会の変貌を乗り越えながら、南海電鉄は
どのように成長していったのか？
創業130周年を間近に控えたその歩みを探っていきます。

前身会社の大阪堺間鉄道の設立と営業運転開始

南海電気鉄道は現存する最古の私鉄と形容され、関西の大手私鉄に列せられています。そのルーツは、大阪商人が都市の発展を願って大阪と堺を鉄道で結ぼうとした阪堺鉄道です。阪堺鉄道は838mmという珍しい軌間で開業を果たしました。

加太電鉄によって1923（大正12）年に製造されたデニホ10形　写真提供：高橋 弘

大阪の資本家らの発案で産声をあげた

　南海電気鉄道の前身である阪堺鉄道の設立計画が持ち上がったのは、明治中期です。明治政府は富国強兵・殖産興業を掲げていました。鉄道は軍事や商業の振興に欠かせない物資輸送という役割が注目されて、政府は全国に線路の建設を進めていました。

　そうした中、関東では財政が枯渇した政府に代わって華族が出資する日本鉄道が鉄道事業を拡大させていました。一方、関西では財閥や商人たちが資本を出し合って鉄道会社を設立する動きが強まっていました。こうして大阪の商人たちが資金を出し合って大阪堺間鉄道を設立。1884（明治17）年6月に認可され、同年11月に阪堺鉄道に社名変更されました。

　設立を主導したのは、大阪財界の重鎮・藤田傳三郎でした。藤田は鉱山業や軍事物資の調達製造などの事業規模を拡大して政府御用達になり、関西でも名を轟かせていたのです。

政財界を巧みに巻き込みながら計画を推進 その表裏を支えた人脈とは?

遠く釜石から機関車を調達

1885（明治18）年、阪堺鉄道は難波〜大和川間の開業を果たします。軌間は838mm（2フィート9インチ）という、世界的にも珍しいものでした。用意した機関車は、阪堺開業の2年前に廃止された官営釜石鉄道で使用されていたものです。阪堺が838mm軌間で建設されることになった理由は今もってはっきりしていませんが、釜石鉄道もまた838mmゲージだったことが関係しているのかもしれません。

いずれにせよ、官営鉄道の機関車の払い下げには、藤田の人脈の深さが寄与したといえるでしょう。

藤田とともに、阪堺の設立に尽力したのが初代社長に就任した松本重太郎でした。松本は、阪堺以外にも第百三十国立銀行や大阪紡績などの企業を次々と設立させて、大阪の経済発展を牽引した人物です。

藤田・松本という両巨頭によって開業した阪堺は、大阪と堺という二大商業都市を結んでいたことから多くの利用客で賑わいました。

当時のできごと

1885	内閣制度発足（初代首相・伊藤博文）日本鉄道品川線開業
1886	日本初の定期乗車券発売
1887	東京に初の電灯が点灯

大阪高野鉄道から水間鉄道に譲渡された電1形。前面は緩やかなアールが施されている
写真提供：高橋 弘

マメ蔵　藤田傳三郎……軍靴製造・販売で財を成した商人。神戸〜大津間の鉄道建設に関わるとともに、琵琶湖を渡る太湖汽船の頭取も務めました。阪堺鉄道のほかにも、山陽鉄道・九州鉄道・阪鶴鉄道・近江鉄道・高松鉄道などの設立に関わりました。

南海鉄道への事業譲渡と中小鉄道会社の合併

阪堺鉄道は1888(明治21)年に全線を開業させました。多くの乗客で賑わう阪堺を横目に、経営陣は紀阪鉄道や紀泉鉄道を設立して路線網の拡大を計画します。これらは南海鉄道に集約されることになり、さらに阪堺も合併していくのです。

ナローから国鉄と同じ1,067mmゲージに改軌

　鉄道の力を実感した南海社長の松本重太郎は、さらに路線を延ばそうと計画。新たに別会社の紀阪鉄道や紀泉鉄道を設立します。

　これらの鉄道会社は、合併を経て1895(明治28)年に南海鉄道になりました。南海は、1898(明治31)年に経営母体だった阪堺鉄道の資産を引き継ぐ形で吸収合併を果たします。それを機に、阪堺の838mm軌間は南海に合わせて1,067mm軌間に改軌されました。

　阪堺を合併した南海は、1903(明治36)年に現在の本線となる難波〜和歌山市間を開業させます。

　大阪南部から和歌山にかけては、現在でも多くの工場群を目にすることができますが、江戸時代から和泉木綿の集散地として賑わっていました。その後も沿線では繊維業が盛んでした。高度経済成長期、繊維産業はガチャマン景気と呼ばれる好況で沸くことになり、南海沿線の工場群はまさに日本経済を象徴する風景だったのです。

　南海が線路を敷設していったのは、まさにそうしたエリアでした。

南海鉄道時代の木造車1021形は、ロングシートが採用されていた　写真提供：高橋弘

沿線に林立した工場群と未曽有の好景気到来
追い風に乗ってさらなる拡大を目指す

南海でも阪和と同様の南紀直通列車「黒潮」を設定。省線（国鉄）の車両を拝借しての運行だった　資料提供：高橋 弘

当時のできごと

1889	大日本帝国憲法発布 東海道本線（新橋〜神戸間）開業 九州鉄道（博多〜千歳川間）開業
1890	第1回衆議院選挙
1894	日清戦争開戦〜1895
1895	日本発の電気鉄道（京都電気鉄道）開業
1904	日露戦争開戦〜1905 自動式信号機が導入される
1906	鉄道国有法公布

阪和との競合が技術の向上と輸送力増強の契機に

　線路の延伸と同時に、南海は電化を進めます。その理由のひとつに、大阪〜和歌山間で競合する阪和電気鉄道（現・JR阪和線）の存在がありました。競合区間を多く重ねる南海と阪和は、かねてから熾烈な乗客獲得争いを演じていたのです。

　しかし、阪和は南海と比べ内陸部の民家の少ないエリアに線路を敷設していたことから、線路は直線が多く高速走行に有利でした。阪和の列車は時速120km以上を出していたといわれ、看板列車の超特急は当時の日本最高表定速度を誇っているほどでした。

　南海にとって、所要時間の短縮は必須。電化はそのためにも必要な施策でした。1911（明治44）年には、南海は全線を電化。所要時間の大幅短縮を果たし、大阪〜和歌山間の移動の利便性は格段に向上しました。

マメ蔵　**松本重太郎**……南海の設立に尽力した藤田傳三郎とともに関西財界の大物といわれた人物です。大阪紡績や第百三十国立銀行などを設立しました。南海の初代社長を務めたほか、讃岐鉄道・山陽鉄道・豊州鉄道・阪鶴鉄道などの経営に関わりました。

6章　南海電気鉄道の歴史

高野線の開業と沿線開発の強化

南海では本線と並び高野線が大きく屋台骨を支えています。本線とは別の流れで設立された高野線はどのような足跡をたどり、どのようにして南海に統合されたのでしょうか？ その歩みを見ていきましょう。

初期は急行列車牽引にあたったC10001形蒸気機関車　写真提供：高橋 弘

高野山参拝客の足としてスタート

　高野線の歴史は南海本線とはまた別のストーリーで進んでいます。泉州を中心とした実業家たちが、真言密教の聖地である高野山への参詣者輸送をあてこんで設立した高野鉄道がルーツです。高野鉄道の中心的人物は、川崎造船所初代社長として名を馳せた**松方幸次郎**でした。

　1898（明治31）年、高野鉄道は大小路（現・堺東）〜狭山間を開業させます。当初、高野鉄道は堺駅で南海鉄道に接続する予定でしたが、自社線で大阪まで延伸する方針に切り替えました。そのため、長野（現・河内長野）以南の線路建設よりも大阪方面の建設が先行されることになりました。

　しかし、高野山への参詣者を輸送する目的で設立されていたにもかかわらず、高野山方面への延伸を後回しにしたことで、高野鉄道は業績不振に陥ります。そして、1907（明治40）年に新たに設立された高野登山鉄道に吸収合併されました。

高野山を擁する観光路線とする一方で、急がれた沿線の住宅開発

沿線のレジャースポットも経営安定に寄与

　高野登山鉄道は、経営を安定させるために長野の東側に長野遊園をオープンさせます。長野遊園は桜の名所でもあり、金剛寺や長野温泉といった一大レジャースポットが広がる高野登山鉄道の目玉観光地でもありました。

　長野遊園によって、大阪市内からの乗客を多く生み出すことに成功。高野登山鉄道の運賃収入は増加します。遊園地の入園料は副収入として高野登山鉄道の経営を支えます。

　経営が安定化したことで高野登山鉄道は、線路の延伸に乗り出します。その流れの中、1915（大正4）年には大阪高野鉄道に改称。他方で、高野山への線路建設のために1917（大正6）年に別会社の高野大師鉄道を設立します。

　高野大師鉄道は橋本～高野山（現・高野下）間を建設する予定でしたが、1922（大正11）年に大阪高野鉄道ともども南海に吸収合併されました。

高野線を走る1251形。特急列車としても活躍していた　写真提供：高橋 弘

当時のできごと

1912	日本初の特別急行列車の運転（新橋～下関間）
1914	第1次世界大戦開戦
1919	パリ講和会議

> **マメ蔵**　**松方幸次郎**……元勲・松方正義の三男。首相秘書官を務めた後に川崎造船所の初代社長に就任。阪神電鉄の設立に尽力した後に高野登山鉄道の発起人となりました。その後も九州電気軌道（現・西日本鉄道）の初代社長に就任しています。

阪和電気鉄道の併合、近畿日本鉄道の成立

高野登山鉄道を合併した南海は、戦時下における交通調整として1940（昭和15）年に大阪〜和歌山間で競合していた阪和電気鉄道と合併します。その後も1944（昭和19）年に関西急行鉄道と合併して、近畿日本鉄道になりました。

ケーブルカー開業で難波〜高野山間が直通

　1922（大正11）年、南海は大阪高野鉄道と高野大師鉄道を合併します。大阪高野鉄道は高野山麓までしか線路を敷設していなかったので、南海は高野山参詣への利便性を高めるためさらに高野山電気鉄道を設立します。

　1929（昭和4）年、高野山電気鉄道は高野下〜極楽橋間を開業させ、翌年には極楽橋〜高野山間をケーブルカーでつなぎました。こうして難波から高野山までが鉄道で一本につながったのです。

　他方で、大阪〜和歌山間を競っていた積年のライバル・阪和電気鉄道とは、政府の交通調整政策により、1940（昭和15）年に半強制的に合併させられています。阪和が吸収される形となり、南海鉄道山手線になったのです。

　南海に組み込まれた阪和は、1944（昭和19）年になると軍事輸送を目的として国有化されます。国有化された阪和は、現在はJR西日本の阪和線となっています。

昭和に入って新造された2001形は、急行用として用いられていた　写真提供：高橋 弘

戦時体制の中で翻弄される鉄道
軍需の重責を担うなかで厳しい現実も…

冷房設置も実施された2001形だったが、実際に冷房が使われていたのは2年間だけだった　写真提供：髙橋弘

最大私鉄・近畿日本鉄道の出現

　さらに、政府の交通調整は南海と関西急行鉄道を合併させることになりました。関西急行鉄道と合併した南海は、新たに近畿日本鉄道として発足します。近畿日本鉄道は日本の鉄道史上で、最も巨大な路線網を有した私鉄として記録されています。

　旧南海の沿線は海岸部に近いことから、現在でも多くの工場が立地しています。それらは太平洋戦争下でも変わらず、多くの工場が軍需工場として機能していました。

　多奈川線は軍需工場の通勤線として、現在は加太線の紀ノ川～東松江間になっている区間は松江線という軍需物資を輸送する貨物専用線でした。そうした背景もあり、旧南海沿線は空襲の標的になったのです。

当時のできごと

1923	関東大震災
1926	日本初の自動券売機がデビュー
1927	日本初の地下鉄が開業（上野～浅草間）
1936	南海鉄道で日本初の冷房車を導入 二・二六事件
1937	日中戦争開戦
1939	第2次世界大戦開戦
1941	太平洋戦争開戦
1942	関門鉄道トンネル開通

> **マメ蔵**　**多奈川線**……太平洋戦争期は沿線に軍需工場が立ち並んでいたことから、工場への通勤客で賑わいました。戦後は、淡路島や四国航路への乗り継ぎ客が急増。難波駅から直通する急行「淡路」号も運転されましたが、明石海峡大橋が開通したことで役目を終えました。

新生南海電気鉄道の発足、進む戦後復興

戦時下に政府の力で誕生した近畿日本鉄道は、旧南海系列の南海電気鉄道と旧関西急行鉄道系の近畿日本鉄道とに分離しました。南海は、泉州エリアの宅地開発を積極的に推進しながら、路線のない徳島県も事業エリアに取り込む拡大路線を進めました。

太平洋戦争で消失した電車を補うため、国鉄モハ63形が1501形電車として入線した
写真提供：高橋 弘

戦後に再生された南海電気鉄道

　1947（昭和22）年、政府の交通調整によって合併させられた旧南海系列と旧関西急行鉄道系が分離します。南海は再発足するにあたり、高野山電気鉄道を母体として近畿日本鉄道から路線を譲り受ける形をとりました。そのため、南海鉄道は社名に"電気"と入れた南海電気鉄道になったのです。

　新生・南海は、それまでの高野山参詣輸送路線としていた高野線を単なる参詣輸送路線にはしませんでした。戦後復興や高度経済成長で、南海の沿線である大阪・堺にはオフィスや工場が増えていたからです。南海はその受け皿となる宅地開発を進めていきます。

終戦を迎えるとともに、新たな歴史がスタート
四国進出など南海の事業が拡大していく

本四輸送を重要拠点のひとつに取り組みを強化

また、南海は1948（昭和23）年に多奈川線深日港駅に隣接する深日港から淡路島や徳島に向けたフェリーの定期運航を開始します。フェリーと鉄道を組み合わせ

当時のできごと

1945	太平洋戦争終戦
1946	日本国憲法発布
1949	日本国有鉄道発足
1950	朝鮮戦争勃発
1953	テレビ放送開始

ることで、南海は四国も南海圏に組み込もうとしたのです。

1956（昭和31）年には、和歌山市駅から和歌山港駅までを延伸開業させて、和歌山港からフェリーで徳島県の小松島港を結びました。和歌山港〜小松島港間のフェリー運航に合わせて、フェリーに接続する四国連絡急行「あわ号」の運行も開始しています。「あわ号」は、1962（昭和37）年に特急に格上げ。南海が四国を重視していたことをうかがわせます。

また、フェリーでの徳島進出と合わせ、南海は徳島県内でのバス事業にも着手。戦後復興で和歌山県から四国・徳島県へとその勢力を広げていったのです。

1201形はその長い余生を貴志川線で過ごしていた　写真提供：高橋 修

> **マメ蔵**　徳島県……現在でも南海系列のフェリーやバスが運行されている南海圏です。昨今は、南海と四国の関係は薄れつつありますが、南海が運航するフェリーは鉄道連絡船として鉄道ファンから根強い人気があります。

輸送近代化と南海ホークス黄金期

戦後の南海にとって、広告塔の役割を果たしたのがプロ野球チーム・南海ホークスです。阪神・阪急に次いで鉄道会社として3番目にプロ野球に参入したホークスは、パ・リーグの古豪として1988（昭和63）年に幕を閉じるまで大阪のファンに愛されました。

南海ホークスの誕生！

　1938（昭和13）年に産声をあげた南海ホークスは、鉄道会社が母体の球団としては阪神タイガース・阪急ブレーブスに次ぐ3番目のチームでした。設立当初のチーム名は南海軍です。

　戦時下の1944（昭和19）年に関西急行鉄道と合併させられたことで近畿日本鉄道と改称させられると、球団も親会社にならって近畿日本軍に改称しています。

　戦後の1946（昭和21）年、近畿グレートリングと改称され、1947（昭和22）年の南海と近鉄との分離とともに、南海ホークスへと再改称しています。チーム名は南海の社章がスピードを表現する車輪であったことに鑑み、ホークス・イーグルス・カージナルスといった鳥の名前が候補にあがりました。そして、最終的にホークスに決定しています。また、チームカラーはジャイアンツの黒とタイガースの黄に対抗するために緑に決まりました。

1950（昭和25）年9月12日に会場した大阪スタヂアム（大阪球場）。1951（昭和26）年7月18日には、ナイター設備が完成し、大阪で初のナイター試合が行われた　写真提供：南海電気鉄道

プロ野球でも覇を競った関西の鉄道会社たち
いずれも強豪チームとしてファンの心を掴んできた

苦難の末に達成したホークス初の日本一

　発足当初のホークスは、ホームスタジアムがありませんでした。そのため、阪神タイガースの本拠地・甲子園球場を借りていました。南海は沿線の戦後復興を進めるためにも、ホームスタジアムをつくろうと計画します。ホームスタジアム・大阪球場の建設は、大阪市のみならずライバル会社の阪急電鉄社長でもある**小林一三**からもアドバイスを得て、1950（昭和25）年に竣工しました。

　本拠地を構えたホークスは、名将・鶴岡（山本）一人を迎えてパ・リーグ常勝軍団になっていきました。そして、1959（昭和34）年に2リーグ分立後に初めて日本一に輝いたのです。

　ホークスが活躍する一方で、南海は高野線で1951（昭和26）年から座席指定特急「こうや」の運行を開始しました。1958（昭和33）年には、21000系・初代ズームカーを登場させています。

南海カラーとして親しまれた緑の配色をまとった21000系ズームカー　写真提供：高橋 修

当時のできごと

1956	東海道本線全線電化
1964	東京モノレール開業（日本初の空港連絡鉄道） 東海道新幹線開業 東京オリンピック開催

マメ蔵　**小林一三**……阪急電鉄の創始者ですが、宝塚運動協会などを創設していち早くプロ野球リーグを構想していました。小林は私鉄各社がプロ野球チームを所有し、持ち回り開催する"電鉄リーグ"を提唱していました。

6章　南海電気鉄道の歴史

宅地開発の本格化と輸送力増強、昇圧の実施

高度経済成長期以降、南海の沿線は宅地開発が進みました。特に、人口の増加が著しかったのは、泉北ニュータウンや狭山ニュータウンなどの大規模団地が建設された高野線の沿線です。南海は編成増強と複線化を進めて需要の増加に対応しました。

続々と進展する宅地開発と南海の施策

　高野山の参詣路線として建設されたルーツを持つ高野線の沿線は、戦後まで人家がまばらの寒村地帯でした。

　ところが、高度経済成長期に差しかかると、高野線沿線の丘陵地は大阪や堺へ通勤するサラリーマンのベッドタウンとして開発され、急速に変貌していきます。

　当初、住宅地開発は地方自治体などによる公共事業として進められましたが、昭和40年代に入ると、南海は狭山ニュータウンの開発に着手します。狭山ニュータウンは、それまでに民間企業が整備した住宅地としては最大規模でした。

　南海の狭山ニュータウンと連動して、泉北ニュータウンも造成されました。ところが、泉北ニュータウンには鉄道路線がなく、大阪府はこれらの地域の交通の便を充実させるために、南海にニュータウンにアクセスする鉄道の建設を要請します。しかし、南海は泉北ニュータウンへの路線建設に消極的でした。

高野線沿線は都市近郊らしい住宅地が続く。宅地開発とともに発展を遂げたのは、大手私鉄のセオリーともいえるだろう

各地で住宅地造成が進んだ時代
開発と鉄道との関係はますます密接に

南海電鉄と関係が深い泉北高速鉄道。難波〜中百舌鳥間で南海電鉄の列車とともに通勤・通学輸送に忙しい
写真提供：高橋修

需要増加に対応すべく設備の近代化を急ぐ

　そこで、大阪府は第三セクター・大阪府都市開発に鉄道の建設および経営を担当させました。大阪府都市開発の鉄道路線は、泉北高速鉄道という名称で1971（昭和46）年に開業しています。

　南海は泉北高速鉄道の駅業務をはじめ列車運転・線路の保守点検といった業務を請け負うなど、協力関係は1993（平成5）年まで続きました。

　1976（昭和51）年、南海は住宅開発の集大成ともいえる**林間田園都市**の造成を開始。ニュータウン開発が始まると南海を利用する通勤客が増大し、車両の編成増強が課題となりました。1962（昭和37）年以降、20m車6000系の3両編成を導入していた南海ですが、急行や特急は順次6両編成に切り替えられていきました。

　同時に、路盤の改良も進められました。一部単線区間が残っていた高野線の河内長野〜橋本間を複線化。さらに1973（昭和48）年には架線電圧も300Vから1,500Vに昇圧するなど、輸送力の改善が矢継ぎ早に図られたのです。

当時のできごと

1965	国鉄、みどりの窓口設置
1967	日本初の自動改札機（阪急北千里駅）
1970	大阪万博開催
1972	札幌オリンピック開催
1976	国鉄の蒸気機関車が引退

> **マメ蔵　林間田園都市**……南海が威信を懸けて開発した高級住宅街です。南海沿線では、過去に大美野田園都市構想が未完のまま終わっていたこともあり、林間田園都市は社運を賭けたプロジェクトでした。

路面電車の分離と、ローカル線区の再編

1961（昭和36）年に南海は和歌山電気軌道を合併し、鉄道線を貴志川線に、路面電車を和歌山軌道線に組み込みました。しかし、時代の変化とともに路面電車は衰退し、新たに受け皿となる阪堺電気軌道を設立します。南海は路面電車網の再編を迫られたのです。

路面電車の経営分離で廃止となった平野線　写真提供：高橋修

逆境を迎えた路面電車の時代と南海

　関西を地盤とする大手私鉄は、そのほとんどが路面電車からスタートしています。

　時代を経て、道路交通事情の変化などから路面電車は衰退。全国的に路面電車の廃止が相次ぎます。そんな中でも、南海は路面電車区間を多く残している関西私鉄でしたが、時代の変化には抗えず、乗客は減少していきました。

　南海は経営改革の一環として、路面電車を子会社に分離する方針を打ち出します。1980（昭和55）年、子会社として新たに阪堺電気軌道を設立。阪堺線と上町線の2路線を譲渡するとともに、平野線を廃止しました。

　廃止された平野線は、1914（大正3）年に南海の前身である阪堺鉄道が開業させた由緒ある路線です。それだけに、廃止を惜しむ声は多かったのですが、大阪市営地下鉄谷町線が並行する形で開業したことが大きく影響していました。

全国的に進んだ路面電車の改廃は、南海の路線にも影を落としていく

和歌山軌道線のつかの間の南海時代

　堺市の宿院〜大浜海岸間で運行されていた大浜支線も平野線と同様に廃止されています。大浜支線は堺水族館や大浜公会堂のある名勝地・**大浜公園**にアクセスする路線として敷設されたものでした。

　南海は路面電車を阪堺として分離し、不要な路面電車を廃止して路線の再編を進めましたが、それ以前にも和歌山で運行していた路面電車を廃止しています。

　和歌山市を中心に網の目のように広がっていた和歌山軌道線は、経営主体が次々と替わる不遇な存在でしたが、1961（昭和36）年に南海の路線になってからは和歌山市民の足として活躍しました。

　しかし、その足も1971（昭和46）年には役目を終えてしまいます。南海に移管されてからわずか10年後のことでした。

和歌山軌道線はその後貴志川線となり、現在は和歌山電鐵貴志川線がその歴史を受け継いで盛業中だ　写真提供：高橋 弘

当時のできごと

1977	超電導リニアの実験開始
1980	イラン・イラク戦争開戦
1982	東北・上越新幹線開業

> **マメ蔵**　**大浜公園**……大阪で初めて開催された内国勧業博覧会の開催地になった公園です。園内の水族館は、日本初の本格的水族館だったともいわれます。明治天皇が巡幸した地としても知られ、記念碑が現在でも残っています。

215

特急列車の増強と空港輸送への参入

1994(平成6)年、関西国際空港がオープンしました。関西の期待を背負った関空にアクセスする鉄道は、JRと南海の2社です。南海では、空港輸送に力を入れるべく、特急列車「ラピート」を登場させました。

南海の新時代を告げた「ラピート」のデビュー

　1994(平成6)年に開港した関西国際空港(関空)は、その経済的インパクトとともに、全島が人工的に造成された海上空港であることや旅客・貨物の24時間運用が実施される日本初の空港として話題を集めました。

　関空の開港と同時に、南海は空港特急として50000系特急車「ラピート」をデビューさせます。ラピートは"レトロフューチャー"をコンセプトに、外内観ともに斬新なデザインで登場しました。

　前面はこれまでにない球形。運転席の曲線窓の周囲に前照灯・尾灯・識別灯が球形に沿って左右に3基ずつ並ぶ姿はとりわけインパクトが高く、TVアニメのロボットにもたとえられたほどです。客室には楕円形の窓が採用され、編成全体をラピートブルーと形容される深みのある青一色で統一。それまでに類をみなかった独特のデザインは、鉄道ファンのみならず南海沿線住民からも絶大な人気を得たのです。

2014年9月に、登場20周年を迎える「ラピート」。レトロフューチャーがコンセプトの斬新なデザインは、今なお古さを感じさせない

鉄道車両史に新たなページを書き込んだ「ラピート」は南海電鉄のトレードマーク!

外観同様に鋭いデザインが施された「ラピート」の運転台　写真提供：高橋 修

関西空港開業がもたらしたエポック

　それまで南海の特急列車には、1983（昭和58）年に登場した「こうや」や1985（昭和60）年に登場した「サザン」などがありました。

　「こうや」は急カーブや急勾配の多い高野山の山岳地帯を走ることから、性能面に重きを置いて開発されています。しかし、性能面では優れていた反面、外観での冒険は控えめな印象がありました。「サザン」は一見すると通勤電車ふうで、その面での革新は控えられたようです。

　ラピートはそうした状況を打破し、南海が関西で存在感をアピールする目的もありました。特に関空にアクセスする空港線は、南海が再び注目されるチャンスでもあったのです。

　空港線の途中駅となる**りんくうタウン**は、関空オープン時は閑散としていましたが、昨今では大阪府企業局が開発した商業施設や工業団地が広がっています。開港から20年が経過して、その真価が発揮され始めたといえるでしょう。

当時のできごと

1984	第三セクター鉄道・三陸鉄道開業
1987	国鉄分割民営化・JRグループ発足
1988	青函トンネルと瀬戸大橋が開業
1989	消費税導入
1993	プロサッカー・Jリーグ発足
1994	関西国際空港開業
1995	阪神・淡路大震災

マメ蔵　**りんくうタウン**……大阪府企業局が副都心として位置づけて開発を推進したエリアです。空港から近い立地を活かして、外国人を呼び込む工夫を凝らしています。昨今では、医療機関が多くそろい、外国人患者を受け入れる"医療ツーリズム"の拠点としても期待されています。

6章　南海電気鉄道の歴史

217

新時代を迎える南海電気鉄道

ホークス譲渡後、難波駅に隣接した大阪球場は住宅展示場などに利用されていました。しかし、2003（平成15）年に商業施設「なんばパークス」になります。翌年、高野山周辺が世界遺産"熊野古道"に含まれるなど、南海沿線は劇的に生まれ変わりつつあります。

空港線開業・ラピート運行開始20周年を記念し、人気アニメ「機動戦士ガンダムUC（ユニコーン）」とタイアップした、期間限定運行の赤いラピート　©創通・サンライズ

都心の再開発と観光拠点の見直しを進める

　1988（昭和63）年にダイエー（当時）に譲渡されたホークスでしたが、本拠地だった大阪球場は解体されずにそのまま残されていました。大阪球場は難波駅からも至近だったため、人が多く集まるイベントスペースとして活用されていたのです。

　しかし、1998（平成10）年から本格的に解体工事が始まり、2003（平成15）年には大型複合商業施設「なんばパークス」として生まれ変わりました。なんばパークスは"緑との共存"をテーマにしており、屋上には都心にもかかわらず自然豊かなパークスガーデンを整備。関西国際空港を利用して大阪に来た観光客が立ち寄る中核施設としても活用されています。

　一方、2004（平成16）年に、高野山一帯がユネスコの世界文化遺産「紀伊山地の霊場と参詣道」（通称・熊野古道）に指定。増え続ける参詣客を運ぶ南海電鉄の役割はますます高まっています。

沿線に多彩な顔を持つ南海だからこそできるグローバルな再開発への取り組み

「天空」のデビューが新たなファンを呼び込む

　世界文化遺産への指定を受けた高野山一帯は、内外からの注目をそれまで以上に集めることになりました。とりわけ外国人の訪問者の増加は著しいものがあります。南海は関空とアクセスしていることから、沿線自治体と協力体制を築いて**外国人観光客**の取り込みに意欲をみせています。

　こうした観光のコンテンツをフル活用するべく、南海は2009（平成21）年より2200系を改造した観光列車「天空」の運行を開始しました。「天空」は車体を改造して展望デッキや外側を向いたシートを配置するなど、不動谷川や山間風景などの大自然を満喫できる仕掛けが評判を呼んでいます。特急「こうや」とはまた違う、高野線の人気列車としてすっかり定着しています。

当時のできごと

2001	JR東日本がICカード式乗車券「Suica」を導入
2002	日韓共催でサッカーW杯開催
2003	沖縄都市モノレール開業
2008	世界規模の金融危機勃発

高野線に登場した観光列車「天空」は内外からの旅行者に好評。発展を続ける南海電鉄の新たな顔だ　写真提供：高橋 修

> **マメ蔵**　**外国人観光客**……関空を沿線に抱える南海は、外国人観光客のために消費税が課税されない免税店をなんばパークス内で拡充。昨今では、増加傾向にある中国人観光客に対応して、春節（旧正月）にイベントを開催するなど、着実に外国人観光客を取り込んでいます。

6章　南海電気鉄道の歴史

Index

英数字

838mm ･････････････････ 158・201
1000系 ･･･････････････････ 134・144
1000系(2代) ･･･････････････ 135・157
1001形堺トラム ･･･････････････ 155
1521系 ･･････････････････ 123・143
2000系 ･･･････････ 134・138・166
2001形 ･････････････････ 156・161
2051系 ･･･････････････････････ 143
2200系 ･････････････････････ 137
2300系 ･････････････････････ 139
3000系 ･････････････････････ 152
6000系 ･･･････････････ 140・142・213
6100系 ･･････････ 140・142・152・190
6200系 ･･････････････ 140・147・152
6300系 ･････････････････････ 140
7000系 ･･････････ 126・132・142・148
7100系 ･･････････ 126・132・142・190
8000系 ･･････････････ 132・135・144
8000系(初代) ･･･････････････････ 146
8200系 ･･････････････････ 146・149
9000系 ･･････････････････ 147・148
10000系 ･･････････････ 126・132・190
11000系 ･･･････････････････ 130・150
12000系 ･･････････････････ 127・132
20000系 ･･････････････ 128・151・190
21000系 ･･････ 136・150・190・211
22000系 ･･････････････ 136・150・190
30000系 ･･････････････････ 127・128
31000系 ･･････････････････････ 131
50000系 ･･････････････ 124・190・216
3000系(泉北) ･･････････････････ 152
5000系(泉北) ･･････････････････ 153
7000系(泉北) ･･････････････････ 153
7020系(泉北) ･･････････････････ 153
CM ･･････････････････････････ 168
E231系 ･････････････････････ 144
ED5201形 ･････････････････････ 159
NASCO ････････････････････ 29
NATTS ････････････････････ 182
NK ･･････････････････････････ 68
VVVF ･･････ 124・132・134・145

あ

明石海峡大橋 ･････ 43・55・177・207
吾妻橋停車場 ･････････････････ 78
アナウンス ･･･････････････ 30・173
あべのハルカス ･･･････････ 59・177
アンスリー ･･･････････････ 183・197
泉大津駅 ･･････････････ 84・86・91
泉佐野駅 ･･････････ 20・38・40・90
一般車 ･････････ 120・122・126・132
上町線 ･････････････ 58・75・154・214
海塚駅 ･････････････････････ 89
駅ナカ ･･････････････････････ 28
駅ナンバリング ･････････････ 68・98
恵美須町 ･･･････････････ 58・75・154
大阪球場 ･･･････････････ 179・194・211
大阪高野鉄道 ･･･････ 49・205・206
大阪堺間鉄道 ･･･････････････ 200
大阪電車鉄道 ･････････････････ 58
大阪馬車鉄道 ･････････････ 58・154
大阪府都市開発 ･･･････････ 56・213
大小路駅 ･････････････････ 58・100
大浜公園 ･･･････････････ 78・215
大浜支線 ･･･････････････ 78・215
岡山電気軌道 ･･･････････････ 60
尾崎駅 ･･････････････････････ 92
小原田検車区 ･･･････････ 115・116

か

界磁チョッパ制御 ･･･････ 146・148
貝塚駅 ･･････････････････････ 88
角ズーム ･･････････････････ 136・138
各停 ･････････････ 19・46・48・50
架線電圧 ･･･････････････ 143・213
加太駅 ････････････････････ 44
加太線 ････････････････ 44・96
上古沢駅 ････････････････････ 51
学文路駅 ･････････････････ 51・110
賀茂神社 ････････････････････ 38
貨物輸送 ･･･････････ 63・64・159
カルダン駆動 ･･･････ 122・141・171
緩急接続 ･･････ 79・84・91・92・100
関西急行鉄道 ･･･ 59・207・208・210
関西国際空港 ･･･････ 20・40・90・216

企画乗車券	24・182
貴志川線	60・62・137
岸里玉出駅	35・47・48・98
岸和田駅	20・37・86
紀泉鉄道	202
きのくに	97・114・163・190
北野田駅	19・49・104
紀ノ川橋梁	27・39・44・96
キハ5501形	97・162・190
紀阪鉄道	202
客車列車	160
紀和鉄道	108
近畿日本鉄道	59・192・207・208
近畿の駅百選	69・94・180
空港線	22・40・90・124・217
区急	18・20・49
久野節	70・180
黒潮	160・203
京阪電気鉄道	62・182
軽便鉄道	44・60
ケーブルカー	52・113・206
ケーブル巻上機	27・53
ケロヨン	62
コ11・21	52
高架複々線	35・71・76・180
鋼索線	22・51・52・112・116
構内踏切	69・81・110
高野山	24・27・52・112・128・204
高野山駅	24・52・113
高野山検車区	116
高野山電気鉄道	206・208
高野大師鉄道	205・206
高野鉄道	46・98・204
高野登山鉄道	102・108・204
極楽橋駅	50・52・112・130
小松島線	54
金剛駅	21・106・186
金剛峯寺	24・52・128
混合列車	64

さ

堺駅	78
堺筋線	74
堺東駅	100
サハ4801形	161
山岳線	150
シーサスクロッシング	101
汐見橋駅	21・46・98
汐見橋線	46・98
自動改札	16
自動列車停止装置(ATS)	174
準大手私鉄	153
蒸気機関車	64・158
新今宮駅	72
水軒	45・63
スーパーシート	125
ズームカー	129・136・150・211
ステンレス	140・144・149
住ノ江検車区	114
住吉公園	58・76
住吉大社駅	76
世界文化遺産	218
全般検査	116
泉北高速鉄道	56・152・186
総合車両製作所	121

た

太陽光発電システム	85
第三種鉄道事業者	22
第三セクター	56・152・213
高師浜駅	42
高師浜線	36・42・82
髙島屋	96・178
宅地開発	186・208
蛸地蔵駅	37
辰野金吾	35・80
多奈川線	43・95・207・209
樽井駅	38
千代田検車支区	116
千代田工場	116・166
通天閣	73
吊り掛け駆動	123
抵抗制御	131
鉄道連絡船	45・54
デッドマン装置	174
デラックスズームカー	128・151
天下茶屋駅	48・74
電気機関車	64・159

221

電機子チョッパ制御 ・・・・・・・・・・・・・・・・146	阪堺電車 ・・・・・・・・・・・・・・・・・・・・・・・・・58
電9形 ・・・・・・・・・・・・・・・・・・・・・・・・・・・156	阪和電気鉄道 ・・・・・・・・・・・160・203・206
天空 ・・・・・・・・・・・・50・112・137・219	東羽衣駅 ・・・・・・・・・・・・・・・・・・・・・・・・36
天王寺駅前 ・・・・・・・・・・・・・・・・・・・・・・58	藤田傳三郎 ・・・・・・・・・・・・・・・・・・・・・200
天王寺支線 ・・・・・・・・・・・・・・・・・・・・・・63	普通 ・・・・・・・・・・・・・・・・・・・・・・・18・48
電力回生ブレーキ ・・・・・・・・・・・・・・・・146	踏切合図標識 ・・・・・・・・・・・・・・・・・・・・26
東急車輌 ・・・・・・・・・・・・・・・・121・141	併結スタイル ・・・・・・・・・・・・・・・・・・・126
頭端式ホーム ・・・・・・・・・・・・・・・・・・・・71	閉塞 ・・・・・・・・・・・・・・・・・・・・・・・・・・・42
登録有形文化財 ・・・・・・・53・80・180	平坦線 ・・・・・・・・・・・・・・・・・・・・・・・・・150
特急車 ・・・・・・・・・・・・・・・・・・120・122	併用軌道 ・・・・・・・・・・・・・・・・・・・・・・・59
鳥取ノ荘 ・・・・・・・・・・・・・・・・・・・・・・・・38	ホーム・ツー・ホーム乗り換え ・・・・・・21

な	ま
中百舌鳥駅 ・・・・・・・・・・・・・・・・56・102	松方幸次郎 ・・・・・・・・・・・・・・・・・・・・・204
浪速電車軌道 ・・・・・・・・・・・・・・58・154	松本重太郎 ・・・・・・・・・・・・・・・201・202
なんかいいコト見つけ隊 ・・・・・・・・・・168	丸ズーム ・・・・・・・136・138・150・157
南海グループ ・・・・・・・・・・94・188・196	みさき公園 ・・・・・・・・・・・・・・・・・・・・・184
南海四国ライン ・・・・・・・・・・・・45・54	みさき公園駅 ・・・・・・・・・・39・43・94
南海電車まつり ・・・・・・・・・・・・・・・・・166	水間鉄道 ・・・・・・・・・・・・・・・・・・37・88
南海バス ・・・・・・・・・・・・・・・・・・・・・176	御堂筋線 ・・・・・・・・・・・・・・・・・57・153
南海ビルディング ・・・・・・・・・・・・・・・・180	南淡輪駅 ・・・・・・・・・・・・・・・・・・39・94
南海ホークス ・・・・・・・179・192・210	モ161形 ・・・・・・・・・・・・・・・・・・・・・・・155
南紀直通客車 ・・・・・・・・・・・・・・・・・・160	モ701形 ・・・・・・・・・・・・・・・・・・・・・・・155
難波駅 ・・・・・・・・・・・・・・・・・・・34・70	盲腸線 ・・・・・・・・・・・・・・・・・・・・・・・・・42
なんばCITY ・・・・・・・・・・・・・・・・・・・・178	
なんばガレリア ・・・・・・・・・・・・・・・・・・71	ら
なんばパークス ・・・・・・・178・195・218	ラピート ・・・・・・・・14・18・124・216
ニュータウン ・・・・102・106・186・212	龍神駅 ・・・・・・・・・・・・・・・・・・・・・・・・78
乗組み制 ・・・・・・・・・・・・・・・・・・・・・・172	林間田園都市 ・・・・・・・・・・・・・・49・213
	りんくうタウン駅 ・・・・・・・・17・40・217
は	列車運行管理システム(PTC) ・・・・・・・・・174
ハーフティンバー様式 ・・・・・・・・・・・・・80	列車種別 ・・・・・・・・・・・・・・・・・・・・・・・18
‰(パーミル) ・・・・・・・・・・51・52・183	連続立体交差事業 ・・・・・・・・・・・・・・・83
羽倉崎検車支区 ・・・・・・・・・・・・・38・114	ロングレール ・・・・・・・・・・・・・・・・・・・・26
羽衣駅 ・・・・・・・・・・・・・・・・・・・・36・82	
橋本駅 ・・・・・・・・・・・・・・・・・・・50・108	わ
パターンダイヤ ・・・・・・・・・・・・・・・・・・20	和歌浦急行 ・・・・・・・・・・・・・・・・・・・・・176
発車標 ・・・・・・・・・・・・・・・・・・・・・・・・・84	和歌山軌道線 ・・・・・・・・・・・・・・62・215
浜寺駅 ・・・・・・・・・・・・・・・・・・・・・・・・・80	和歌山港線 ・・・・・・・・・・・・・・・・・・・・63
浜寺駅前 ・・・・・・・・・・・・・・・・・・・・・・58	和歌山市駅 ・・・・・・・・・・・・・・・39・96
浜寺公園駅 ・・・・・・・・・・・・・・・・・・・・80	和歌山出張場 ・・・・・・・・・・・・・・・・・・114
阪堺線 ・・・・・・・・・・・・・・58・154・214	和歌山水力電気 ・・・・・・・・・・・・・・・・・62
阪堺鉄道 ・・・・・・・・・・・・・・・・158・200	和歌山電気軌道 ・・・・・・・・・・・・・・・・・62
阪堺電気軌道 ・・・・58・75・154・214	和歌山電鐵 ・・・・・・・・・・・・・・・・・・・・60

参考資料

鉄道ファン 各号
交友社

鉄道ジャーナル 各号
鉄道ジャーナル社

鉄道ピクトリアル 各号
電気車研究会

Rail Magazine 各号
ネコ・パブリッシング

日本鉄道旅行地図帳 各号
新潮社 2008〜2009

鉄道要覧(平成25年度)
国土交通省鉄道局 監修
電気車研究会、鉄道図書刊行会 2013

南海電気鉄道百年史
南海電気鉄道株式会社 1985

地図で歩く路面電車の街
今尾恵介 著
けやき出版 1998

私鉄の車両23 南海電気鉄道(復刻版)
ネコ・パブリッシング
飯島巌、藤井信夫、井上広和 著 2002

笑う鉄道
中川家礼二 責任編集、梅原淳 監修
ヨシモトブックス 2008

**週刊歴史でめぐる鉄道全路線 No.16
大手私鉄 南海電気鉄道**
曽根悟 監修
朝日新聞出版 2010

**南海ホークスがあったころ
― 野球ファンとパ・リーグの文化史**
永井良和・橋爪紳也 著
河出書房新社 2010

日本の私鉄 南海電気鉄道
広岡友紀 著
毎日新聞社 2012

南海電車
高橋修 著
JTBパブリッシング 2013

南海電気鉄道完全データDVDBOOK
メディアックス 2013

日本プロ野球ユニフォーム大図鑑(中)
綱島理友、綿谷寛、イワキマサタカ 著
ベースボール・マガジン社 2013

昭和プロ野球「球場」大全
洋泉社編集部 編
洋泉社 2014

南海電気鉄道株式会社 NANKAI

1885 (明治18) 年創業した、純民間私鉄としては日本最古の鉄道会社。2013 (平成25) 年現在、営業キロ154.8km (鋼索線0.8km含む)、車両数698両 (鋼索線除く)、駅数100駅、従業員数2,975名、関連会社数72社という規模を持つ。(2014年3月末)
事業内容は「鉄道事業/開発関連及び付帯事業/開発事業、流通事業、土地建物賃貸事業、遊園事業」。かつてはプロ野球球団「南海ホークス」(現・福岡ソフトバンクホークス) やそのホームである大阪スタジアムを経営していたことでも知られている。
主力となる鉄道事業は、大阪府南部と和歌山県北部を中心に展開。南海電鉄本線系統では大阪・難波を拠点に和歌山市および和歌山港などを結ぶほか、関西国際空港アクセスを担当。特急「サザン」や「ラピート」による速達化にも積極的に取り組む。
高野線系統では、高野山参拝の足として古くから多くの乗客を運んできたが、自社を含めた宅地開発に伴い生活路線としての役割がますます高まっている。また、ニュータウン路線である泉北高速鉄道との相互乗り入れ運転や、和歌山港を介した本四連絡ルートなど柔軟なネットワークを築いてきた。
企業理念は「南海は英知と活力で未来をひらきます」。そのテーマに則って積極的な事業展開や快適な接客・サービスに邁進している。

装丁：一瀬錠二 (Art of NOISE)
編集協力：株式会社天夢人Temjin (町田てつ、松浦賢太郎、林 要介)、植村 誠
執筆：朝倉健介、石塚純一、小川裕夫、杉浦博道、杉浦 誠、松尾 諭
本文デザイン＋図版：株式会社インサイド (渡辺敏明、菊池亮介)
写真提供：南海電気鉄道株式会社、高橋 修、高橋 弘、野沢敬次

南海電鉄のひみつ

2014年6月2日 第1版第1刷発行

編 者 —— PHP研究所
協 力 —— 南海電鉄
発行者 —— 小林成彦
発行所 —— 株式会社PHP研究所
　　　　東京本部：〒102-8331　千代田区一番町21
　　　　　　　　生活教養出版部　☎03-3239-6227 (編集)
　　　　　　　　普及一部　　　　☎03-3239-6233 (販売)
　　　　京都本部：〒601-8411　京都市南区西九条北ノ内町11
PHP INTERFACE　http://www.php.co.jp/
印刷・製本所 —— 図書印刷株式会社

©PHP Institute, Inc. 2014 Printed in Japan
落丁・乱丁本の場合は弊社制作管理部 (☎03-3239-6226) へご連絡ください。
送料弊社負担にてお取り替えいたします。
ISBN978-4-569-81863-4